À mon amazone Jade, si engagée dans le monde actuel

À mes grands-mères, l'une ayant été boudée
lors de son troisième accouchement
parce que c'était un troisième garçon,
et l'autre ayant été conviée à faire un deuxième enfant
comme s'il s'agissait d'un antidépresseur

À Claudine que l'envie d'être mère aura fini par éteindre

À toutes les jeunes amazones d'aujourd'hui ou d'hier,
en quête de sens et de cohérence dans leur existence
À tous les hommes qui les accompagnent
sur ce nouveau chemin

À Véronique qui m'aura offert la primeur
de prendre la parole sur ce sujet épineux

Et à Marguerite pour son accompagnement
profondément respectueux des messages du livre

Avertissement

J'ai pris pour habitude de mettre en vigilance les lecteurs de mes ouvrages car ceux-ci s'inscrivent dans le vivant de notre société humaine. Il est effectivement nécessaire d'entendre qu'une réalité vaut pour un temps et pour un lieu, donnés. À peine identifiée, elle est déjà en mouvement au gré des remaniements incessants, biologiques et sociétaux. Pareillement, il nous faut garder à l'esprit qu'une même situation peut voir une réaction et son inverse, une interprétation et bien d'autres. La vie est multiple, on ne peut alors tenir tous ses axes et tous les plans à la fois : il faut faire un choix. Finalement, la vie reste, et c'est tant mieux, un incroyable mycélium aux ramifications infinies. Vous souhaitant une humble et réjouissante lecture de cet ouvrage.

Table des matières

Avant-propos
Des états d'âme

Je ne l'ai pas vu venir. Jade venait d'avoir 20 ans. Elle venait aussi de me balancer une petite bombe implosive : peut-être que je n'aurais pas de petits-enfants !

Nous étions dans une discussion sympathique de famille, où je me laissais aller à imaginer quelle grand-mère je ferai plus tard. Jade écoutait puis me l'a formulé aussi simplement que cela. Si son frère et sa sœur n'ont pas manqué de me dire qu'avec trois enfants, il nous restait une bonne probabilité d'être grands-parents « un jour », le déclic était bien là. Nous n'avions pourtant pas accompagné nos enfants sur un chemin tout tracé. Chacun était lancé dans des voies atypiques et des façons différentes de mener sa vie. Mais l'effet a été suffisamment fort pour que je médite un peu plus la question et qu'elle ne me lâche pas… jusqu'à songer à écrire ce livre.

Oui, évidemment, rien n'était moins sûr, et j'étais bien placée pour le savoir. Psychologue spécialisée en périnatalité, je rencontre depuis bientôt trente ans bon nombre de personnes vivant une sensible ou douloureuse expérience autour du projet d'un enfant jusqu'à son arrivée ou non.

J'ai ainsi assisté à l'évolution de la parentalité depuis celle plus « classique » et ses problématiques fréquentes (sexualité et projet de famille, vécu de la grossesse et de l'accouchement, biologie d'attachement et difficultés parentales). J'ai ainsi constaté l'arrivée de nouvelles formes de couples, de familles et alors de préoccupations qui leur sont liées (comment composer avec le chacun chez soi, les résistances à l'engagement, la confrontation des libertés individuelles, conjugales et familiales, le polyamour).

J'ai aussi senti bouger le désir d'enfant, voyant évoluer les motifs de consultation à ce sujet. Ces dernières années, j'ai rencontré de plus en plus de femmes et d'hommes « en tensions », qui se questionnaient sur le bon projet, le bon partenaire, le bon moment. J'ai alors vu des couples manifestant des allers-retours (je veux, je ne veux plus, je veux finalement). J'ai vu les ambivalences se marquer davantage (peur de regretter d'avoir des enfants ou, à l'inverse, de ne pas en avoir). J'ai rencontré des amoureux qui ne partageaient pas le même point de vue. Ils se demandaient alors s'ils allaient devoir tenir pour voir si l'autre changerait d'avis sur l'enfant, ou choisir le couple et renoncer à une vie de famille, ou encore privilégier leur envie transcendante d'être parent et quitter l'autre.

J'ai accueilli des femmes dans un projet dit solo (parce qu'elles n'avaient pas encore fait la bonne rencontre, parce que le couple s'était séparé entre-temps, parce qu'elles aimaient une femme, parce qu'elles vivaient seules et que leur temps biologique serait bientôt révolu...). Plus exceptionnellement des hommes seuls. Les concernant, c'était davantage pour établir le peu de pistes qu'ils ont et qu'on leur donne pour envisager une paternité.

J'ai continué d'accompagner les contextes d'infertilité et de PMA, avec des êtres qui se voient offrir plus de propositions procréatives avec la médecine. Avec plus d'espoir donc, mais aussi davantage de désillusions quand cela ne marche pas. Et pas grand monde pour accompagner la suite d'un chemin qui les laisse trop souvent vidés et sans direction de vie.

Outre l'augmentation de consultations liées au questionnement d'un projet d'enfant, j'ai observé des vécus de grossesse et d'accouchement beaucoup plus « engagés ». Avec tout le panel qui va de l'envie d'être parents, mais sans le passage par l'expérience de la grossesse et de l'accouchement (parfois totalement rejetés), jusqu'à l'envie inverse de tout expérimenter et vivre en pleine conscience.

Puis j'ai assisté à de nouvelles angoisses parentales. Elles sont dues aux prises de conscience collectives, écologiques et sociétales, auxquelles personne ou presque n'a pu échapper. Je les ai d'abord observées chez les tout jeunes parents qui s'inscrivent dans cette mouvance. Ils vivent bio, pensent bio, choisissent la grossesse et une maternité les plus raccords avec leur projet, et la nounou qui va avec, bio si possible. Ceux-là sont souvent confrontés à un post-natal qui devient difficile. Ils s'éternisent dans la résolution des problèmes du quotidien, aspirant à une certaine harmonie (alimentation et sommeil des enfants, sécurité des liens, éducation positive). Ils perçoivent la société comme n'étant pas adaptée et estiment que c'est à elle qu'il revient de changer, pas à eux.

J'ai la chance d'accompagner tous ces chemins de vie, de près en près, de loin en loin, et d'en constater les étapes, les revirements. C'est pourquoi je témoigne d'un paysage périnatal qui s'est largement complexifié ces dernières années. Il appelle à des prises en charge et en soin demandant à évoluer, elles aussi.

Aussi, quand mon amazone, Jade, a jeté ce petit caillou dans ma mare, tout s'est emboîté. Cela ne m'était pas douloureux ou difficilement acceptable. Je n'avais simplement pas mesuré que ce que j'observais comme un changement en cours dans la société humaine, était en train de se généraliser. Cela s'était même immiscé jusque dans notre foyer.

C'est au même moment que la pandémie chinoise est arrivée plus tôt que prévu à nos portes. J'ai alors eu le temps de penser et d'écrire sur la mutation actuelle du désir d'enfant. Nous assistons en effet à une révolution culturelle, devenir mère ne semblant plus un passage obligé ni même désiré pour les petites filles et les femmes en âge de procréer. Encore aujourd'hui, c'est pourtant par elles que passe inévitablement ce projet.

Pour le comprendre, j'ai eu besoin de détricoter les enjeux. Je les ai alors découpés en autant de « j'ai mal » manifestés par les dernières générations : « J'ai mal à ma conscience. » « J'ai mal à la Terre. » « J'ai mal au genre féminin et masculin. » « Mal de mères et de pères. » Je les ai enfin retricotés dans le chapitre « Vers une parentalité élargie et consciente ». Cette dernière étape de lecture permet de comprendre combien ce qui se trame fait sens et comment chaque « j'ai mal » s'inscrit dans un paysage global. Quant à la fin du livre, je l'ai voulue ouverte vers un avenir proche. Elle préfigure ce qui semble être le prochain pas d'évolution de notre société humaine occidentale. Car, au-delà du constat, il convient de mettre en lumière l'opportunité que cela amène. Et elle est colossale.

Toute une transition majeure à laquelle je vous convie, pour mieux nous comprendre plutôt que de nous juger et nous opposer les uns les autres.

1

J'ai mal à ma conscience

Fatou a 19 ans. Depuis qu'elle a 15 ans, elle a tout planifié : son diplôme d'infirmière puéricultrice, une spécialisation dans la réanimation des bébés prématurés, une année au Canada et un premier enfant avant 30 ans. Elle n'a pas eu la vie facile. Elle s'est construit ses rêves un à un. Elle s'est challengée toute seule à renfort de podcasts et de tutos. Et par-dessus tout, elle veut gagner suffisamment d'argent, car elle sent bien que dans cette société, sans moyens, tu réalises peu de choses. Elle a envie de voir grand mais sans marcher sur les autres, c'est juste son défi à elle. Seulement voilà, avec la crise sanitaire de 2020, rien n'a fonctionné comme prévu. Elle n'a pas pu faire son stage de spécialisation, ni partir en 2021 au Canada. Aujourd'hui, elle ressent que sa vie lui échappe. Cela l'a motivée à consulter car elle a des crises d'angoisse qui l'entravent dans son quotidien et l'empêchent de se projeter de nouveau dans l'existence.

Les années d'avant

Depuis plusieurs décennies, la psychologie humaine s'était développée et répandue. Nous avions acquis plus de conscience sur bien des plans. Nous étions aussi passés de la psychologie de l'adulte à celle de l'enfant, et aux débuts de la vie de celui-ci. Dans ce champ de conscience, des professionnels de la petite enfance avaient pris la parole pour dire qu'ils observaient une nouvelle tendance chez les enfants qu'ils recevaient. Ils avaient en effet l'impression que les enfants qui naissaient étaient pour ainsi dire plus présents. Comme plus éveillés. Était-ce le fait d'adultes plus prêts à les entendre, plus compréhensifs et attentifs ? Était-ce le fait d'enfants restés toujours aussi percevants qu'ils le sont *in utero* ? Était-ce les deux cumulés, avec des adultes accueillants plus consciemment des enfants particulièrement sensibles ?

En parallèle, tout un champ de conscience sur l'hypersensibilité humaine et son haut potentiel a vu le jour. Au milieu des diagnostics et du nombre de concernés, on a commencé à se questionner quant à leur fonctionnement et à celui des autres. On a pu voir combien chaque humain peut avoir une lecture du monde différente de son voisin, qu'il s'agisse de l'environnement naturel mais aussi social. Toute la question de la neurodiversité a explosé. Avec sa manne de tests pour les enfants et finalement pour leurs parents. Des parents qui ont découvert qu'ils étaient hypersensibles et multipotentiels, et qu'ils l'avaient sans doute toujours été.

Nous avons alors requestionné nos idées toutes faites sur la normalité et la santé, et donc sur le handicap et la maladie. C'est d'ailleurs à cette période que la question de l'autisme s'est à nouveau posée. Et nous avons redécouvert qu'il existait d'autres formes d'intelligence que l'intelligence intellectuelle, des intelligences hors norme pouvant même se cumuler entre elles. Pour exemple, ceux qu'on nomme les autistes Asperger. Ils ont en effet une capacité inouïe de stockage et de traitement de l'information. Mais aussi une lucidité hors pair pour sentir les humains, les animaux, les plantes et le vivant en chaque chose. Et tout cela, bien qu'ils soient en difficulté d'évoluer dans la société humaine, telle qu'elle fonctionne du moins.

Toujours est-il que c'est dans cette ouverture de conscience que les jeunes générations ont commencé à prendre la parole sur la société humaine. Ils nous regardaient vivre et voyaient toutes nos incohérences. Principalement la manière dont nous traitons encore la planète et nos beaux discours non suivis d'action sur le sujet. Mais encore notre manière d'évoluer dans l'existence et de penser les choses de la vie.

C'est dans ce contexte qu'une prénommée Greta a décidé de faire la grève de l'école en faveur du climat devant le Parlement suédois tous les vendredis, pour attirer l'attention des adultes et des décideurs du monde. Elle a pris la parole de façon inédite, taclant les adultes sur leurs incohérences et les autorités sur leur inertie. Une enfant devenue adolescente s'est donc présentée devant les plus hautes autorités pour dire tout haut ce que beaucoup pensaient tout bas. Singulière et déterminée, elle ne s'est pas fait que des amis, même dans les rangs des jeunes générations.

C'est ainsi qu'on a vu les jeunes fouler le pavé pour s'exprimer dans la rue, et ce mouvement faire boule de neige. Cette ampleur a été possible grâce aux fameux réseaux sociaux qui ont facilité la diffusion des messages et l'organisation des revendications et manifestations.

Nous en étions là en 2020 avec un mouvement grandissant et des jeunes qui semblaient prendre la main pour nous montrer notre inaction en faveur de l'environnement. Un environnement qui permet notre vie comme celles des autres formes vivant sur Terre. Un environnement mis à mal du fait de notre absence de connexion avec le vivant, de notre regard centré sur l'existence humaine, de la surexploitation des ressources de la planète, et de notre pollution sans nom partout où nous posons le pied et nos regards. Un bel élan international était en cours.

Le jour d'après

La bascule s'est faite le 16 mars 2020, quand le Président français a prononcé ces mots : « Nous sommes en guerre. » Tout s'est précipité quand il a été question d'être confinés sans date butoir. L'ennemi ? Un virus, identifié sous le nom de Covid-19. Ce scénario, nous le pensions tous éphémère, anecdotique. Il n'empêche, le coup de gong a été entendu au profond : une guerre ! Il faut dire que ce scénario pandémique s'est inscrit dans une vague d'attentats. Ce langage volontairement guerrier a alors marqué nos esprits.

D'autant plus que ce Covid n'a cessé entre-temps de nourrir l'info en continu, dénombrant les cas détectés, les personnes hospitalisées et celles décédées, comme les régions infectées. La mort était là en maraude. Un confinement puis deux puis trois pourquoi pas, et plus si nécessaire. Nous avons ainsi compris qu'une épée de Damoclès était définitivement au-dessus de nos têtes. Et que désormais notre liberté sociale mais aussi animale, était en jeu. La liberté animale de respirer, de se mouvoir librement, de se déplacer à l'instinct, de prendre l'air et le soleil, d'être ensemble et en contact, etc.

Cette crise sanitaire fut un coup d'arrêt pour nos vies physique et psychique, car nous sommes faits des deux. Un coup d'arrêt à nos élans, nos besoins, nos envies et nos rêves. D'autant que les confinements successifs ont rompu notre ressourcement naturel au rythme des saisons. Pas de printemps (nous étions dans nos logements), pas vraiment d'été (pas de planification de vacances ou de fêtes), la menace planant sur l'automne et sur un hiver par nature favorable aux épidémies. Il est bien possible que depuis nous soyons déphasés d'avec les saisons et que nous courions après le temps social.

À tout cela se sont rajoutés: les incohérences du discours politique, le flou sur les conduites médicales à tenir, l'impuissance et l'inconnu, et la notion de complotisme qui a participé à monter les uns contre les autres. Toute une insécurité sanitaire, matérielle et financière qui a conduit à encore plus d'insécurité émotionnelle et relationnelle.

Le Covid, un arrêt sur image

L'espèce humaine a traversé une période très compliquée. Cela faisait un moment que les peuples dits premiers (autochtones, racines ou feuilles) avaient demandé que nous ne traversions plus leurs terres ancestrales, sacrées et préservées. Comme si nous étions des pestiférés ou plus exactement des pollueurs par nature, des touristes envahissants souvent, des pilleurs de ressources parfois. Nous nous sommes ainsi retrouvés durant la crise sanitaire devant la Nature et devant notre nature humaine. Nous avons eu le temps de faire le compte de notre bilan carbone, au moins intuitivement en regardant la Nature qui dehors reprenait ses droits. Non seulement elle semblait continuer sa vie, mais en plus elle semblait mieux la vivre sans nous. Plus tard les chiffres sont venus nous dire que c'était bien le cas. Sans notre présence extérieure et nos activités, l'air se purifiait, le réchauffement climatique pouvait reculer, les autres espèces reprenaient de l'espace et la Terre pouvait imaginer mieux respirer.

Nous avons pu aussi faire un bilan chez nous, du point de vue de nos vies personnelles, affectives et relationnelles. Certains ont vu ce temps d'arrêt comme un cadeau, avec l'occasion de ne plus courir, de changer de rythme, de se poser à deux ou de profiter enfin d'une vie de famille. Ceux qui avaient des projets en ont profité pour se dédier à cela, qu'il s'agisse d'un projet professionnel, de travaux ou d'une grossesse en cours. D'autres ont fait le constat d'une vie usée en accéléré. Avec des implosions de vie de couple, des divorces à la clé, des huis clos familiaux, des face-à-face incontournables et des isolements profonds. Ce fut l'occasion d'une mise en lumière de la violence exacerbée par ces circonstances extraordinaires. Violences manifestes ou plus larvées, extérieures ou intérieures, voire intimes. Concernant ma partie professionnelle, avec des violences conjugales et intrafamiliales majorées et plus d'énervements envers les enfants et de bébés secoués. Mais aussi avec une violence obstétricale mise à jour et des femmes devant accoucher à l'encontre de la physiologie. Et avec une violence non évaluée pour les bébés devant naître dans un monde aseptisé où les humains portent un masque et où leur famille ne peut venir les accueillir, les rencontrer. Le tout dans une ambiance de violence ordinaire alors que dehors tout semblait calme. Depuis, la violence semble n'être pas redescendue au fond.

Avec cet arrêt de nos vies extérieures, nous avons fait le point au-dedans de nous. Car quand la vie extérieure ralentit, voire s'arrête, c'est la vie intérieure qui prend le relais et se met en mouvement. C'est habituellement le cas quand nous rentrons chez nous le soir, que la nuit arrive et s'il y a un proche, quand celui-ci s'endort et que nous pas. On cogite. Alors, dans cette période inédite, nous avons tous plus ou moins cogité sur nos vies. En tout cas plus que d'habitude. C'est pourquoi beaucoup ont eu envie de changer de décor et de rythme. Leur vie a pris une autre direction, elle s'est réorientée. Elle s'est mise au diapason d'eux-mêmes. Beaucoup ont pris la tangente vers des vies professionnelles plus épanouissantes intérieurement et moins matériellement. Beaucoup sont partis au vert depuis le temps qu'ils le rêvaient, en parlaient. Parmi mes patients, j'ai vu de jeunes couples aimants se séparer après de longues discussions. Ils avaient convenu que lui ou elle souhaitait un enfant et qu'après mûre réflexion l'autre n'avait pas ce projet. Finalement il s'est opéré comme une sorte de *reset* en nous.

Un certain mal de vivre

Cette période a surtout amené le genre humain à réfléchir plus posément, puisqu'elle suivait un constat écologique critique. Puisque c'était à l'occasion d'un printemps radieux se contant juste sous nos yeux, derrière nos fenêtres. Et puisque chacun a bien vu la vie reprendre ses droits. Ce fut une grande leçon de vie par l'expérience, de celles qu'on n'oublie pas de sitôt. Les déconfinements sont venus délivrer tout ce petit monde qui n'avait qu'une hâte : retrouver sa vie d'avant. Mais nos vies intérieures, elles, n'ont pas véritablement été délivrées. Elles sont restées comme suspendues, en alerte au tréfonds, toujours en vigilance. Elles n'ont pas oublié le constat global : l'arrêt de l'activité humaine a permis un recul de la pollution humaine en un temps record. Elles ont gardé en mémoire la reprise *illico* de nos activités habituelles et polluantes, chiffres à l'appui. Et au fond notre psychisme sait cela, il y pense depuis.

Le post-Covid a ainsi vu la hausse des demandes de consultations psychologiques pour angoisses, idées sombres ou envies suicidaires. Cette période a vu grandir le nombre des hospitalisations psychiatriques et ces services être saturés. Elle a vu de même une nette augmentation des traitements contre l'anxiété et la dépression. Rien de réjouissant, je vous l'accorde, mais le signe évident d'une vie intérieure marquée, choquée au profond. Avec l'opportunité d'enfin prendre conscience de cette vie intérieure et de mesurer combien elle influence notre manière de vivre, et de nous engager dans l'existence. Quitte à ce que ce soit un enseignement « par l'épreuve ».

J'ai aussi observé les réactions de nos rues, avec davantage d'incivilités, d'agressivité sociale et routière. J'ai écouté les échos des jeunes. Eux d'ordinaire en proie à la fougue de leur âge, étaient désenchantés sur la suite des choses. Ils n'avaient plus le cœur ni à s'indigner, ni à se rebeller. Nous aurions dû nous en inquiéter. Et tandis que nous nous sommes versés vers ceux jugés les plus fragiles (parce qu'âgés, isolés, malades ou hospitalisés), nous avons négligé les échos durables de cette crise sanitaire sur les jeunes générations. Rien d'étonnant à ce qu'un peu plus loin, quelques rares études nous racontent de la solitude creuse, de la souffrance, de la violence réactionnelle et une désillusion existentielle, dans les campagnes comme dans les villes. Douloureux constat, même si cette réalité est l'opportunité aussi d'une conscientisation.

Cette pandémie a donc été une sacrée claque à notre ego, de celle qu'on n'oublie pas dans une histoire personnelle et dans celle de l'humanité. Cette claque, nous aimerions l'effacer de nos esprits, du disque dur de l'Humanité. Mais elle restera un temps dans la mémoire, car elle n'était pas la première sur la liste des alertes de bon nombre d'experts. Un principe de réalité s'est imposé : avec le Covid-19, nous avions collectivement affaire à un minus, capable de terrasser les colosses que nous nous croyions, nous qui colonisons la terre, les mers et même le ciel, aussi loin qu'il nous est donné de pouvoir aller. Un si petit virus avait ainsi été capable de se répandre, comme une étincelle mettant le feu aux poudres de la société humaine mondiale. Nous avons entendu au profond que les baguettes magiques n'existaient que dans les contes de fées, et qu'il était temps d'un grand réveil après un si long sommeil. Temps d'un état des lieux de l'Homme sciant la branche de l'arbre de Vie sur lequel il est assis et souille le sol de la Terre qui l'accueille, impactant jusqu'à sa propre santé physique mais aussi psychique. Un vrai coup de massue qui nous laisse encore *groggys*.

Des élans confisqués depuis

Sur cet état de fait, plusieurs crises mondiales se sont rajoutées : une guerre en Ukraine aux impacts internationaux (avec répercussions économiques majeures sur fond de menaces nucléaires bien existantes et de géopolitique alarmante), une crise énergétique généralisée (avec démographie galopante, fléaux climatiques, pénurie d'eau, appauvrissement des ressources, dépendance aux lobbys et spéculateurs, et migrations de populations) et le conflit israélo-palestinien. De quoi songer à hiberner plusieurs saisons durant ! Beaucoup ont eu envie de croire à un sursaut post-crise sanitaire tant la leçon était éloquente. Mais ces dernières crises majeures semblent avoir emporté les dernières bonnes résolutions. Quelques crises surajoutées plus tard, nous revoici centrés sur nos petites personnes. Il va nous falloir encore accepter ce long temps de transition et de contractions qui n'en finissent pas. Nous adapter entre-temps, avant de nous remettre en mouvement, un peu plus loin ou beaucoup plus loin. Mais pour quels projets d'ailleurs ? Planétaires, sociétaux, professionnels, personnels, intimes ?

Car comment donner de la place à une certaine légèreté de l'être quand tout a été si lourd et reste désormais incertain ? N'y a-t-il pas là quelque chose de l'ordre du « stress post-traumatique » quand après un choc les êtres ont peur que cela recommence et sont frileux à l'idée de retourner dans le flux de la vie ? *Quid* de l'amour dans ces circonstances ? Pouvons-nous vraiment l'envisager, et les jeunes partir à sa quête, tant il semble bien léger de caresser cette idée quand il y a tant de choses à repenser dans l'actualité ? Et quelle place pour une relative insouciance, celle que nous accordions jusque-là à la période de la jeunesse pour rêver un tant soit peu sa vie ? Est-ce encore possible alors que nous évoluons désormais dans un quotidien sans repères et si anxiogène ?

Je me demande alors, en écoutant cette jeunesse, en l'accueillant dans mon cabinet ou au bout du fil d'un téléphone, comment elle va pouvoir se mettre en chemin à l'avenir. Comment elle va progresser dans l'existence quand c'est de guerre et non d'amour dont il est question. Je me demande de même comment elle va pouvoir se réjouir d'évoluer en société, quand il lui suffisait il y a peu d'une étincelle pour s'enflammer, s'emballer et s'engager. Certaines études suggèrent que la jeunesse va mieux, je crois pour ma part qu'elle s'adapte sous la contrainte de toutes ces réalités et qu'elle cherche un chemin. Elle paraît même le penser de plus en plus tôt, à écouter les enfants en parler…

Souciante jeunesse

Pour les jeunes générations qui cherchent à se réaliser au-delà des crises cumulées, tout semble difficile. Il leur faut désormais déployer une énergie folle pour vivre l'ébauche d'une existence et soutenir la vision d'une Humanité en mauvaise posture. Si cela peut être vu comme un magnifique défi à relever, il n'est pas moindre. Aussi il y a là une certaine ironie, le reste de la population semblant s'étonner que les rêves des jeunes soient changés, leurs projets détournés. Elle semble leur reprocher d'avoir changé de valeurs, voire de ne plus en avoir. Alors même que c'est à nous, leurs aînés, que revient la palme d'avoir collectivement modifié le grand paysage et d'en avoir bouleversé les repères.

Qui alors peut estimer tomber des nues sur le fait que les jeunes générations se concentrent sur des enjeux qui leur semblent plus importants que de fonder un couple et une famille ? Leurs priorités : la planète, son avenir et son devenir, et ceux de tous ses habitants, pas seulement celui des humains. Aussi, face à ce qui est vital, quelle peut être la place du projet d'un éventuel futur enfant ? C'était une évidence pour les générations précédentes, ça ne l'est plus aujourd'hui. Et c'est sans parler des problématiques et des questions de droits qui les touchent : défendre la place de la femme, se mobiliser pour la reconnaissance de toutes les modalités de couple, de famille ou de procréation, dénoncer ce qui leur semble des inégalités, des injustices et des discriminations (de peau, de genre, de milieu social et de regard).

Ils font de tout cela un cheval de bataille qui vient de fait se confronter à de potentiels désirs individuels.

Ils visent un monde meilleur et ils commencent par le monde, avant les enfants. Ils aspirent certainement aussi à respirer haut et fort. Surtout avant de s'engager dans ce monde-là et surtout avant d'imaginer en engager un autre avec eux (couple ou enfant). Je les entends raconter tout cela dans leurs déprimes et leurs envols. J'entends ceux-là tandis que j'aperçois d'autres jeunes s'élancer, ne pas vouloir se poser de questions. Parce que ceux-ci vivent cette vie comme un saut dans l'inconnu et qu'ils ont une nature à foncer et réfléchir ensuite. Au risque sinon de ne rien entreprendre, tant l'insécurité est grande. J'en aperçois d'autres se mettre en mode automatique. Ils sont trop frileux à inverser le cours des choses et soucieux de mettre les pieds dans la trace de leurs aînés. Plus rassurant. Et d'autres encore qui semblent ne se poser aucune question, le projet de couple et famille étant probablement une résistance au changement ou une défense face à un monde inquiétant. Surtout ne pas penser, enchaîner. Et puis d'autres, beaucoup d'autres qui verront plus tard, si et quand. Rien à juger, juste des modalités d'adaptation et d'évolution différentes.

Folle époque

Finalement nous portons tous un regard différent sur ce grand changement en branle. D'un côté, il y a ceux pour qui c'est une période terrible, accélérée par la pandémie, cristallisée par de nouvelles crises. Avec plus vraiment de socle, de repères, de limites, ni de valeurs. De l'autre, il y a ces personnes qui voient une intensité folle dans cette période de mutation, ou même une nécessaire accélération. Parmi eux il y a les plus optimistes pour qui cette époque brûlante constitue un fer-chaud, propice à des remaniements sociaux et planétaires. Et les moins optimistes qui ne veulent rien savoir, ni avoir à entendre ou faire. Ils s'estiment grands perdants ou non responsables de cette réalité. Une façon de regarder la vie, le verre à moitié plein ou vide, et de prendre ou pas sa part. Beaucoup peuvent ressentir tout cela et tout à la fois selon les jours et les humeurs. Douce folie humaine.

Je constate néanmoins que les écarts se creusent, les différences s'opposent et les prises de position se renforcent : bien/mal, conscients/inconscients, optimistes/pessimistes, pour/contre. Je vois ainsi la binarité et les oppositions se durcir, les injonctions pleuvoir (il faut, on devrait) et toutes ces réalités se contraster davantage.

Cela faisait un moment que je relevais l'ébranlement de la population jeune (celle en âge de procréer) sous l'effet de faits durables extérieurs (l'empreinte écologique des humains, leurs comportements terrestres et leurs modèles sociaux). Ils étaient de plus en plus nombreux dans la rue à manifester pour la planète, à s'organiser pour une prise de conscience globale, à changer de ton pour interpeller leurs aînés et à exprimer leur colère aux grands décideurs de la société humaine (politiciens, chefs d'État et grands groupes économiques). Ils étaient de moins en moins rares à interroger la place et le sens de la famille de nos jours. Et je mesurais déjà la profondeur de ce phénomène allant jusqu'à chahuter le désir d'enfant. Je l'avais vu muter juste là sous mes yeux depuis trente ans et s'accélérer cette dernière décennie.

Actuellement la raison paraît prendre le dessus sur le ressenti de procréer, et la réflexion sur un élan jusqu'alors peu questionné : concevoir un enfant. Aujourd'hui, en pensant enfant, nous pensons justement. Trop ? De façon pertinente ? Nous interpellons surtout, je crois, le sens que pourrait prendre l'arrivée d'un enfant dans cette société humaine, au cœur du grand jardin de la Terre et au sein de cet Univers. Nous semblons ainsi passer d'une conception physique « en mode automatique » à une conception plus psychique de ce qu'implique la venue d'un enfant sur Terre et dans nos vies. Une transition en cours qui ne s'opère pas sans douleurs ni contractions sociales.

2

J'ai mal à la Terre

Anna et Juan semblent avoir tout pour être heureux. Ils n'ont pas encore 30 ans et vivent une jolie relation depuis plusieurs années sous le même toit. Ils ont suivi le chemin que leurs parents ont encouragé : des études, un diplôme et à présent un bon job dans une société connue. En théorie, leur parcours semble optimal. Mais en réalité la direction qu'ils ont prise n'est plus en accord avec leurs convictions écologiques. S'ils essayent de « faire leur part » (engagement associatif, gestes du quotidien, déplacements à vélo et plus d'avion), ce n'est pas le cas de leur entreprise. Cela ne leur va plus. Récemment le couple d'Anna a évoqué le projet d'enfant. C'est pour cette raison qu'Anna a décidé d'entamer une thérapie, car elle est « plombée » par cette envie au regard de l'état de la planète. Elle n'arrive pas à concevoir que les choses puissent aller mieux, mais elle n'arrive pas non plus à envisager une vie sans enfants. Juan semble avoir réussi à renoncer au projet d'« ajouter un nouvel être humain sur Terre ». Il juge irresponsable de faire un enfant dans ces conditions. Il se dit d'ailleurs prêt à se satisfaire d'une vie à deux au regard de l'empreinte qu'ils vont déjà laisser derrière eux. Puis la crise sanitaire est passée par là. Ils ont beaucoup parlé de leur projet de vie durant tous ces mois de confinement et de télétravail. Anna en a profité pour organiser une fin de contrat avec son entreprise. Elle vient de créer la sienne et de rejoindre «La fresque du climat» pour laquelle elle travaille désormais. Elle est à fond et concentrée sur ce projet professionnel. Pour le reste, elle verra «plus tard».

L'histoire d'Anna et de Juan est assez révélatrice des ressentis des dernières générations. Ils sont nés avec cette réalité écologique inquiétante ou ont grandi avec. Ayant la vie devant eux, ils sont inquiets de l'avenir de la Terre et donc de leur propre avenir. Ils sont largement informés de la crise écologique, incluant le changement de climat et la biodiversité en déclin. Ils savent bien, sentent bien, qu'un déséquilibre majeur est enclenché et que ce n'est pas bon. D'où l'angoisse, d'où les questions. Ils sont encore plus inquiets de mesurer que les adultes des générations d'au-dessus ne réagissent pas vraiment. Et que des jeunes de leur génération ne percutent pas vraiment non plus. Ils ont envie d'un monde meilleur. Ils ont envie de participer, alors ils agissent à leur mesure, à leur niveau.

Ils n'ont pas besoin d'études en plus pour constater que, partout où l'Homme a porté son regard, partout il a fini par polluer, abîmer voire piller les ressources. Ils vivent lucidement l'ampleur des dégâts. Il leur suffit de regarder tout autour d'eux (la terre et ses habitants), au-dessus de leur nez (l'air et l'espace) et en dessous de leurs pieds (la mer, ses fonds et ses abysses). Ils font leur part de colibri et ne font plus guère confiance aux décideurs. Ils les regardent tenir de grands discours mais ne sont pas dupes. Ils voient bien que ce n'est pas suivi d'actes forts et nécessaires. Ils constatent que c'est souvent pour sauver les apparences. Et même qu'au-delà des effets d'annonce, c'est pour continuer d'asseoir la croissance. Toujours plus. Plus fort, plus loin, plus haut, plus profondément, plus de performances, plus de gains. Et toujours plus de dégâts. Condenser ainsi le propos, c'est aussi comprendre cette colère de fond qui monte et l'incompréhension qui va avec chez les jeunes générations dites Y et Z. Un goût de fin d'alphabet.

L'ampleur des dégâts

Nous sommes le premier règne à détenir des records d'envergure. Premier règne du vivant à polluer et détruire alors d'autres espèces, c'est-à-dire la biodiversité. Nous incarnons ainsi la sixième extinction de masse sur Terre. Il y en a déjà eu cinq par le passé à l'occasion notamment d'une période glaciaire, de l'épuisement en oxygène des océans, de l'explosion de volcans ou de l'impact d'une météorite. L'extinction de masse est un phénomène propre au vivant, avec régulièrement la disparition et l'apparition de nouvelles espèces, et finalement une régénération de la biodiversité. Mais cette sixième extinction massive a la particularité de n'avoir rien de naturel. Elle est clairement due à la main de l'Homme et pas au vivant.

Nous sommes ainsi le premier règne à produire des choses non recyclables donc à polluer. Toutes les autres espèces produisent des choses organiques durant leur existence et donc recyclables dans la chaîne du vivant. Nous pas. Et nous produisons même par avance sans savoir ce que nous en ferons ensuite. Même les matériaux les plus toxiques et dangereux, nous les mettons sous le tapis... de la Terre, de la Mer ou de l'Espace.

Premier règne à détruire si vite et si puissamment. Nous sommes les petits derniers à être arrivés sur Terre dans l'histoire de la Vie. Les tout premiers à avoir un tel impact en un temps record. Tristes records. Tristes chiffres sur la biodiversité que nous continuons à détruire, sur le climat que nous continuons de déstabiliser et sur la Terre que nous continuons de déséquilibrer.

Tout ce qui nous dérange, on l'évince. À petite échelle. Une araignée dans nos maisons, des herbes dans notre jardin, des algues sous le ponton d'une rivière où l'on veut se baigner, des arbres centenaires bordant nos routes, nos parcs, nos projets immobiliers ou autoroutiers ? Allez, on tue, on arrache, on coupe, on creuse. Dans notre seul intérêt. Aussi à grande échelle. On tue des baleines parce que c'est exotique dans les assiettes des touristes en Islande, alors que les locaux n'en mangent même pas. On exploite le pétrole en pleine mer, quitte à provoquer une hémorragie dans le derme de la Terre et quitte à produire un œil de feu à la surface de l'eau pendant des semaines. Cet œil photographié était aussi beau visuellement que l'était le champignon nucléaire durant la guerre au Japon. Mais il n'y eut personne pour voir toutes les espèces alors engluées dans le liquide noirâtre juste sous la surface et évaluer en pleine mer l'impact sur les fonds sous-marins.

Quand comprendrons-nous que tous ces minerais, toutes ces plantes et tous ces animaux font la biodiversité de notre planète ? Quand comprendrons-nous qu'ils participent chacun à leur mesure à l'équilibre de la Terre ? Une Terre-mère qui nous abrite tous, avec un grand cycle du vivant qui l'anime à chaque instant. Avec chaque espèce à sa place, son poste et son utilité. Au service de l'équilibre de tous et du tout. Les guépards, les chauves-souris et les hérissons, tout comme les abeilles et les coquelicots. Tout comme le sol qu'ils foulent et qui nous nourrit tous. Il en va de ce que l'on appelle « l'interdépendance biologique ». Car nous sommes des êtres dépendants de tout ce petit monde.

Il était temps que nous retrouvions l'intelligence du sensible. Il était temps de comprendre que si nous avions inventé la poudre, nous n'avions pas inventé le feu. Et que nous n'inventerions pas l'eau, l'air, la terre et son herbe, non plus !

La crise sanitaire : une période de reconnexion au vivant ?

C'est finalement la crise sanitaire et son confinement à l'échelle planétaire qui nous ont permis de nous remettre en lien avec cette intelligence du vivant.

En mars 2020, nous avons effectivement été obligés d'ouvrir les yeux avec cette épidémie mondiale. Elle a purement explosé à la face de notre conscience, au lendemain d'un dimanche ensoleillé, lors d'un printemps florissant qui semblait nous narguer. Nous l'avons d'ailleurs pleinement contemplé depuis nos lieux de confinement. Et ce faisant, nous avons pu en retrouver l'émerveillement. Avec le silence et les sons de la nature même en ville, l'air épuré de nos marches, la clarté des ciels étoilés, sans plus d'avions ni trop de cheminées industrielles actives. La leçon était en cours d'acquisition. Le vivant faisait sa vie, tandis que la nôtre était comme suspendue. Nos corps quémandaient de l'air, de la lumière, du mouvement. La base de notre équilibre. Une liberté instinctive réclamait en nous de vivre simplement cela. Nous étions en train de rouvrir collectivement la porte à cette intelligence du vivant, quand le confinement de la crise sanitaire nous a donné l'opportunité de la regarder à l'œuvre, de l'éprouver dans nos petites cellules. Une leçon par l'expérience, ancrée en partie depuis.

Avant la crise sanitaire, nous fonctionnions en mode automatique. Nous n'étions plus connectés à tout ce vivant. Nous étions dans nos quotidiens tout tracés, nos habitudes et notre confort de vie. Une douce illusion de surface. Durant cette crise, nous avons été nombreux à devoir choisir, à refaire le monde, à prendre de grandes résolutions. D'ailleurs cela a été une révélation pour certains qui souhaitaient migrer des villes, emménager au vert ou définitivement changer de vie ou de métier. Il ne leur manquait qu'un tel déclic pour passer à cette mise en cohérence de leurs aspirations.

Depuis il n'est plus possible de passer outre ce vécu marquant, même si certains font semblant. Des études appuient ce constat. Elles confirment que l'environnement est devenu un enjeu majeur pour une majorité et qu'il se classe même en tête des préoccupations des jeunes générations. Entre l'altération de l'air, l'ensemencement des nuages pour contrôler la pluie, l'exploitation des richesses minérales et des sols, la pollution de l'eau, la dénaturation des graines, l'éradication d'espèces végétales, l'élevage intensif et la maltraitance animale, aucun règne du vivant ne semble épargné. Avec des combats à mener contre tous les « sur » : sur-enchère, sur-exploitation, sur-production, sur-consommation. Avec tous les surplus de déchets qui vont de pair. Au point d'avoir généré à nous seuls un continent plastique dans le Pacifique Nord, par exemple.

Les dernières générations semblent ainsi adeptes du tri, du compost et des produits de saison, sans trop ou plus manger de viande et en veillant à leur consommation de façon générale. Ils sont ainsi de plus en plus nombreux à être en quête de cette cohérence globale. Avec notamment un engouement pour des documentaires *green*, pour le bio et la permaculture, pour les peuples-racines, pour des ouvrages sur l'intelligence émotionnelle des arbres et des animaux, et bien d'autres choses encore. Ils naissent en partie plus sensibles et perméables, on l'a vu au chapitre précédent. Ils se relient alors plus volontiers au grand cycle de la Vie sur lequel ils s'informent. Ils parviennent à s'en émouvoir et probablement à s'en émerveiller davantage au milieu du fatras.

Une intelligence plus grande que nous

Mais qu'est-ce que j'entends exactement par l'intelligence du vivant ? Difficile de parler d'elle, tant elle nous a précédés depuis longtemps. Tant elle ramifie tout ce qui évolue sur Terre, dont nous les humains. Elle existe depuis le règne minéral, a donné naissance au règne microbien (dont nous redécouvrons d'ailleurs l'intelligence avec le Coronavirus), puis au végétal et enfin à l'animal pour aboutir aux premiers Hommes préhistoriques. Tout en continuité, sans rupture, ni grande distinction finalement. Tout ce beau monde cohabitait sur le grand jardin de la Terre… jusqu'à la main délétère de l'Homme. C'est l'image tant reprise de l'Homme sciant la branche de l'arbre de la Vie sur laquelle il est assis. Cette intelligence du vivant surpasse toutes les formes d'intelligence qu'elle a inventées entre-temps. Celles intellectuelle, technologique, scientifique et à présent artificielle des humains, avec leurs robots si aseptisés de vivant.

Si nous avons le sang chaud, c'est grâce à elle. Si nos poumons respirent et que notre cœur bat sans qu'on le lui dise, c'est encore grâce à elle. Si notre cerveau veille à notre survie en permanence et est capable d'analyser d'innombrables informations par milliardième de seconde, c'est toujours elle. Nous avons reçu tout cela comme cadeau au pied de notre berceau humain et pour notre existence entière sur Terre. C'est donné. Et la généreuse donatrice est la Vie. Elle a déposé en nous, les humains, tous les acquis de son intelligence jusque-là. Un potentiel inouï, qui nous est confié pour faire évoluer la vie, sous toutes ses formes… et pas seulement la nôtre!

C'est encore l'intelligence du vivant qui est à l'œuvre dans ce qu'on appelle « l'embryologie ». À cet endroit, elle se déploie telle la plus grande des orfèvres pour accomplir un petit d'homme au sein de la matrice d'une femme. À vrai dire, l'humain n'y est pas pour grand-chose dans cette gestation du vivant. Puisque dans le contexte d'un déni de grossesse avec une femme ignorant qu'elle est enceinte, cela accomplit à terme un bébé. Un petit être vivant, de chair et de sang, jusqu'à son moindre cil. Avec un cœur qui bat depuis 9 mois déjà. Et des poumons prêts à prendre l'air de la Terre, dès lors que bébé y débarque en surgissant d'un milieu aquatique. Devant ce propos vous comprendrez pourquoi une psychologue en périnatalité s'intéresse à cette incroyable intelligence, alors qu'on attend d'ordinaire des psychologues qu'il travaille avec l'intelligence mentale.

Enfin, c'est d'elle dont il s'agit quand nous adoptons des mesures pour préserver notre santé d'un virus potentiellement mortel pour le genre humain. Car nous entendons alors qu'il en va de notre vie, de celle de nos proches et de nos congénères. Encore et toujours elle, lorsque nous entendons le danger imminent de la Terre à bout de souffle, notre Terre-mère. Et nous avec.

Green depression ou dépression verte

Nous avons entendu le danger, nous nous sentons en danger. Normal, nous faisons partie du tissu du vivant. Cela raconte que la Terre est notre maison et qu'elle brûle. Cela raconte que son jardin qui nous nourrit, s'assèche et a grandement perdu de sa fertilité. Et que l'eau, la source indispensable à notre vie et celle des autres espèces, se tarit. De quoi se préoccuper. C'est un phénomène dont nous, thérapeutes, constatons la déferlante au quotidien. C'est une anxiété profonde, pas toujours consciente, mais très diffuse chez chacun. Un *blues* qui nous habite en pensant à la Terre qui se déverdit et notre avenir avec. Un *blues* plus ou moins ravageur, qu'on l'appelle « éco-anxiété » ou « dépression verte ».

Comment s'étonner dans ces conditions que les projets classiques soient chahutés ? Trouver un *job*, gagner sa vie, avoir un toit, rencontrer quelqu'un, prendre des vacances ? Certains n'avaient déjà pas accès à ces réalités. Alors penser à l'amour, à une vie de couple, voire à un enfant ? Encore moins ont la tête à ça. Et ceux qui y réfléchissent déchantent souvent. Cela participe de l'éco-résistance à la parentalité qu'on constate actuellement. Les sondages le racontent, classant la crise environnementale et climatique comme les raisons principales de renoncer à l'enfant ou de différer ce projet. La raison va en effet à d'autres projets plus raisonnables, à d'autres sécurités à asseoir avant. De l'argent, un toit, de pair avec un travail qui fasse sens si possible. Du bon sens. Qui se serait risqué par le passé à devenir parents sans avoir « établi » une situation assez stable ? À l'époque, ceux qui l'ont fait ont souvent été taxés d'inconscients, d'inconsistants. L'inconscience va aujourd'hui à ceux qui vont vers ce projet sans sécurité écologique, sociale et matérielle.

C'est d'ailleurs bien ce que traduit le témoignage d'Anna et de Juan en début de chapitre.

Pas la base de sécurité minimale, pas les conditions réunies et pas la tête à cela. Plus d'élan vital momentanément. Avec des difficultés à se projeter dans l'existence du fait d'une Terre dont on questionne l'habitabilité à venir. Donc en théorie nous devrions réagir quant à la situation écologique, mais en vérité nous manquons d'entrain. Logique puisque nous accusons le coup. Pas très rassurant toutefois. En résumé : il nous faut du temps mais nous en manquons. Là est tout le défi. L'occasion peut-être de mettre le nez dans nos éco-résistances. Et par la même occasion d'apprendre de notre nature humaine et de nos erreurs passées.

Nos éco-résistances

La première parmi toutes : le déni et toutes ses déclinaisons. Déni de vie, déni de réalité, déni d'ego, déni d'inaction, déni d'angoisse, déni de conséquences, déni d'incohérence.

On produit de l'électroménager à usage limité ? Pas grave, on ira mettre les carcasses sur une petite île déserte ou pauvre. On fait des prouesses sportives en montagne ? On laissera notre matériel usagé sur les pentes ou on redescendra en hélicoptère après avoir battu un record, pas grave. On fait des grandes traversées en mer ? Pas grave, on dégazera en cours de route. On ensemence mondialement les nuages pour les faire pleuvoir précisément quelque part ? Pas grave, on verra plus tard la qualité de la pluie qui tombera sur d'autres un peu plus loin. On va dans l'espace ? Pas grave, on laissera nos réservoirs de fusée sur orbite. Ni vu ni connu. Si les autres ne voient pas, ne savent pas, rien à faire ni à discuter. Si je ne regarde pas vraiment les choses en face, ça n'existe pas. Déni. Car si nous avions fait un pas de côté, pris du temps ou du recul, nous aurions probablement eu à considérer les faits et dû renoncer. Renoncer, pas notre fort. Faire des efforts, pas notre qualité première.

Du déni découlent tous les bons arguments qui nous permettent de le maintenir et finalement de ne pas agir.

L'argument de « la faute à qui », à qui le plus et qui d'abord. Ce qui permet de procrastiner. Car on s'y mettra quand les autres aussi ou les gros décideurs surtout, ou parce que cela ne sert plus à rien de s'y mettre. L'argument de la procrastination, c'est le fait de reporter à demain ce que l'on peut faire le jour même. C'est différer un maximum, par paresse, par surcharge, par personnalité. Car nos différences humaines font que certains anticipent ce qu'il y a à faire, quand d'autres s'y mettent la veille. Comme pour nos examens scolaires. C'est aussi avoir pris fermement de bonnes résolutions, puis le moment venu ne pas s'y tenir. Parce qu'évidemment, entre-temps la donne a changé, nos priorités aussi, et notre motivation avec.

L'argument de la nécessité de profiter « aussi » de la Vie. D'en profiter au maximum, après une grosse période de frustration, jusqu'au bout, avant la fin, pendant que l'on peut, ou une dernière fois de peur que ça recommence. Un brin enfantin, non ?

Plus latent, l'argument de l'ampleur de la tâche. Car nous ne verrons pas les effets de nos actes. C'est-à-dire que nous n'en obtiendrons pas une gratification de notre vivant et pas individuellement. Sans compter que c'est un travail ingrat. Il faut une sacrée humilité pour cela, non ? Pas le fort de l'humain, l'humilité.

Sans compter l'argument des échelles. À petite et à grande échelle, il y a l'appel des priorités. Nous cherchons d'abord à retrouver un équilibre dans nos vies personnelles. Tandis que nous entendons dans les médias qu'il va nous falloir reconstruire collectivement une économie globale, combattre l'inflation et rebâtir ensemble une société malmenée. Traduction : la planète attendra. On met quelques actions en place et de gros plans à longue échéance, pour se donner bonne conscience et se raconter qu'on s'en occupe comme on peut, qu'on fait de notre mieux. Et puis qu'après tout, les suivants s'y colleront le moment venu…

Enfin il y a l'argument intemporel de la peur de l'inconnu. Avec un changement déjà là et la peur grandissante d'un inconnu à grandes variables. Un inconnu avec des catastrophes climatiques ponctuelles, relié aux scénarios catastrophes de nos films sur grand écran. Des catastrophes relayées à l'instant *t*, à coup d'images-choc dans les médias, sur le Net et *via* les réseaux sociaux. L'occasion de voir que nous n'apprenons pas de nos erreurs passées, puisque nous passons d'une pollution à l'autre, le nez dans le guidon, sans jamais prendre le temps de la réflexion. Nous faisons, après nous verrons. C'est le cas avec le digital qui n'est pas la moindre des pollutions. L'occasion de parler d'une pollution des temps nouveaux, symptomatique de notre posture humaine.

Le digital, une pollution qui compte double, voire triple

Le digital est polluant à bien des points de vue. Déjà en raison de ce qu'il en coûte à la planète pour fabriquer les nouveaux modèles de nos smartphones, ordinateurs et robots. Mais aussi de ce qu'il en coûte au climat en lien avec leur utilisation quotidienne, massive et mondiale. En toute impunité car sans réelle traçabilité. On nous laisse effectivement croire que renoncer aux tickets de caisse est écologique, quand les mails pour les envoyer polluent de façon non moins importante. C'est le nouveau « ni vu ni connu ». La pollution du non-visible, du difficilement prouvable.

Le digital est aussi polluant car il a envahi le monde entier qui ne saurait plus fonctionner sans lui. Il est donc massif et très répandu, même à l'autre bout du monde. Et il a la particularité surajoutée de nous rendre dépendant de lui. Ce qui signifie qu'on l'utilise en permanence, partout, et qu'on n'est pas regardant sur son utilisation. On retrouve par exemple sa présence dans les berceaux à roulettes des bébés en maternité, leurs parents les ayant nonchalamment déposés là au moment de se déplacer dans les couloirs pour une visite, une balade ou un examen médical. Quand on sait que les ondes traversent les petits corps plus rapidement du fait de leur porosité et de leur teneur en eau, il y a de quoi frémir.

Là est une des pollutions les plus délétères du digital : les ondes que les appareils utilisent. Nous sommes effectivement baignés dans un océan d'ondes. Celles de nos maisons, celles des antennes 4, 5 ou 6G dans le paysage et celles des satellites maillés par milliers au-dessus de nos têtes. Il est su aujourd'hui qu'une partie de la population mondiale est sensible aux champs électromagnétiques émis par l'ensemble de ces ondes. Ce syndrome porte un nom, HSE (haute sensibilité électromagnétique), avec des symptômes bien réels allant des troubles plus ou moins importants jusqu'à l'intolérance totale. Car, oui, les ondes font naturellement partie du vivant, sauf que celles utilisées par le digital ne sont en rien naturelles. Pas plus que le bleu des écrans technologiques n'est celui du ciel et des mers, ni ne produit les mêmes effets bénéfiques. Bien au contraire. Et pas sûr que quelques cactus près de nos ordinateurs et une pierre de sel suffisent à compenser l'omniprésence des ondes qui nous sillonnent au quotidien.

C'est sans compter la pollution psycho-émotionnelle du digital : la surinformation anxiogène, la source des infos qui circulent et leurs *fake news*, la haine ordinaire, le *switch*, la virtualisation de nos vies, le monde des apparences. Et les vidéos humoristiques pour envelopper le tout et nous distraire. Nous sommes comme bombardés d'informations qui renforcent l'individualisme, notre façon de penser et la vision d'un monde allant de mal en pis. Tout un prisme du monde que nous ne regardons plus par nous-mêmes et que nous n'explorons plus en confiance. Il est d'ailleurs insupportable de constater cette limitation de notre libre arbitre. Limités de penser, de penser librement et autrement. Comme si penser finissait par relever du délit et revenait à comploter dans son coin. Et c'est sans compter le poids des algorithmes dans tous ces médias qui ne fait qu'accentuer ce biais. X, Twitter, Instagram, Facebook, Snapchat, ChatGPT, TikTok et autres Telegram se repaissent en effet des thématiques qui nous intéressent. Plus nous cliquons, likons, commentons, partageons, plus on nous donne à manger, plus cela renforce notre mode de pensée unique. L'équation est simple : moins nous nous ouvrons à d'autres points de vue, plus nous nous appauvrissons intellectuellement et moins nous sommes inclusifs. Bilan : plus nous en ingérons, plus cela nous noie dans une mer d'incertitudes et d'angoisse exponentielle. Couronnement du tout : ce système nous rend addictifs, faisant de nous des suiveurs, des « canards ».

C'est indéniable : nous sommes hyper-informés, hyperconnectés et incapables de décrocher des ondes. Comme leur nom l'indique, les *digital natives* sont nés avec les outils numériques qu'ils maîtrisent très tôt. Ils semblent presque en faire un prolongement d'eux-mêmes. Leur téléphone, c'est leur vie. Et pour cause, tout est contenu là : leur lien immédiat avec le monde, leur carnet d'adresses, leur accès à l'information, leurs souvenirs photo et vidéo, leurs différents comptes qu'ils ouvrent et ferment. L'hyperconnexion a nourri dans un même temps chez eux un sentiment d'abandon de la part des aînés, des grands de ce monde, de ceux qui se disent pourtant adultes. Un sentiment d'être laissés pour compte avec un avenir à construire, une Terre et une société mal en point, et des autorités qui se discréditent une à une (l'État, la Justice, la politique, la police, l'ONU, l'OMS, la religion et la famille parfois). Le tout provoquant en eux un désarroi et une colère sourde. Cela éclate le moment venu quand apparaît une contrainte de plus ou une injustice de trop.

Toutefois la viralisation du pire peut devenir, le moment venu, la viralisation du meilleur. Elle peut alors passer d'anxiogène à fédératrice. Car si les jeunes générations ont pu ainsi s'investir en faveur de l'écologie, c'est grâce aux canaux de diffusion des outils numériques. Ils participent en effet à la viralisation de leurs actions comme en attestent ces messages militants qui se propagent comme une traînée de poudre sur les réseaux sociaux. L'action d'associations comme L-214 en est l'illustration parfaite. C'est par elle qu'est arrivé le scandale de la maltraitance animale, grâce aux images volées dans certains abattoirs et élevages. Ces vidéos sans filtres sont autant de preuves de l'empreinte de l'élevage intensif que l'on se partage en quelques clics pour dénoncer le traitement inhumain réservé aux animaux. La circulation des images tout comme la généralisation de la désobéissance civile ont changé le mode d'engagement des jeunes générations. Elles ont mis en avant le côté dépassé des réactions marginales ponctuelles et normalisé un engagement plus virulent, plus *hard*. Tout semble effectivement être passé au niveau au-dessus avec le digital : l'urgence climatique, l'urgence avec laquelle en parler et l'âge auquel on entre en politique ou plus exactement en citoyenneté (la parole et l'inaction des politiques semblant avoir fait son temps).

Génération Greta : la Terre d'abord

Petit retour en arrière. Il y a un demi-siècle, quelques visionnaires ont tenté de nous alerter sur la cause écologique. Pas pris au sérieux, certains ont formé un parti politique. Premiers écologistes affirmés, ils furent appelés par leur couleur : les Verts. D'autres se constituèrent en mouvements apolitiques appelant une conscience en action : Greenpeace fut une organisation pionnière en matière de protection de l'environnement et de dénonciation des catastrophes écologiques évitables. Elle fut très médiatisée avec son petit bateau à moteur filmé sur les sites des essais nucléaires en mer ou à la poursuite des chasseurs de baleines ou de phoques. Pendant des années, elle fut emblématique de la mobilisation écologique. Aujourd'hui, Greenpeace semble avoir perdu de son aura auprès des plus jeunes. Il reste néanmoins Paul Watson, un Nord-Américain s'étant aperçu à 11 ans que des trappeurs avaient tué un castor, dont il était devenu proche. Ce fut le début de sa vocation et de son engagement. Il a alors fondé à sa majorité sa société de défense écologique : *Sea Sheperd Conservation Society*. Il ne cesse depuis de s'opposer aux braconniers de la mer, aux baleiniers illégaux et aux tueurs de bébés phoques. Surnommé « le Pirate », il tient à souligner qu'il ne se confronte qu'à ce qui est illégal. Ses actions alimentent toujours la Toile et forcent l'admiration de bon nombre de jeunes qui les relaient.

Tout aussi précoce dans son engagement et sa venue sur la scène médiatique : Greta Thunberg. Elle est entrée en politique à l'âge de 15 ans en faisant la grève scolaire chaque vendredi devant le Parlement suédois et avec l'accord de ses parents. Son credo ? Interpeller les consciences quant au réchauffement climatique et dénoncer l'irresponsabilité des grands de ce monde, tout autant que celle des « moutons » qui les suivent. Sous son impulsion, une centaine d'actions se sont déroulées en France et quelques milliers de par le monde. Pour ne citer qu'elles : La solidarité climatique, La grève pour le climat, La marche pour le climat ou encore *Youth for climate*. Mais Greta Thunberg a surtout pris la parole dans un monde d'adultes complaisants. Et quelle parole ! Nous nous souviendrons longtemps de son discours lancé aux visages des dirigeants mondiaux au Sommet pour le climat de l'ONU en 2019. Il a fait vibrer toute une génération. Il a fait des émules, inspiré d'autres Greta. Il raconte surtout que la jeunesse a mûri son engagement. Celle-ci n'hésite pas à considérer l'écologie et l'avenir dans sa globalité. Preuve en est, en 2020, quand Greta a appelé à intégrer le principe « d'écocide ». Définition : atteinte à l'intégrité de la Terre jusqu'à l'idée même de crime contre elle. Une réflexion des plus cohérentes sur le terrain du droit quant à la protection pour tout ce qui vit et pas seulement pour les humains. Conformément à cet état d'esprit, elle a engagé les dirigeants de ce monde non seulement à préserver les écosystèmes mais aussi à veiller sur l'écosystème humain et la défense des démocraties. Elle s'est attardée sur les vulnérabilités et les inégalités sociales. Celles-ci participent en effet à tous les déséquilibres actuels et mènent à une violence multiformes, tout étant relié par effet domino. Un déséquilibre entraîne effectivement des réactions en chaîne et donc d'autres déséquilibres. Quand un rééquilibre participe à l'inverse à restaurer d'autres équilibres jusqu'au plus grand : l'harmonie du vivant sur Terre. Une politique plus globale en somme. Une politique qui redonne son sens premier au mot lui-même (*polis* : la vie de la cité). Une politique universelle, interdépendante et pas que versée vers les intérêts humains. Une politique apolitique en quelque sorte. Une politique vraie, chaque parti actuel ayant compris qu'il est de bon ton de mettre du vert dans son programme… sans toutefois en faire grand-chose ensuite.

Génération citoyenne

Mais la mobilisation générationnelle actuelle va bien au-delà des seules actions menées par Greta et ses alliés. De nombreux mouvements sont en effet nés sous cette impulsion et devant la violence faite au vivant : l'Univers, la Terre, la biodiversité, la société humaine (violence quotidienne faite aux femmes, aux citoyens, aux personnes de couleur). Toutes ces violences se sont ainsi agglomérées. Elles ont conduit à un effet de saturation puis à une mobilisation de plus en plus virulente. Certainement comme autant d'expressions et de répliques à la violence globalement ressentie, reçue et cumulée. Dans la ligne de mire des engagés : les pouvoirs publics de ce monde sur lesquels faire pression. Car, en vérité, que peuvent valoir les petits gestes écologiques du quotidien – trier ses déchets, fermer l'eau du robinet et éteindre la lumière – face au désastre écologique annoncé par les experts internationaux ? Au-delà du sentiment de responsabilité individuelle, c'est l'idée de notre responsabilité collective que les jeunes générations nous demandent désormais de reconnaître et d'assumer. N'ont-elles pas raison ? N'est-ce pas ce qui est dénoncé quand une militante écologiste jette du ketchup sur le tableau de maître d'un musée comme pour nous interpeller sur le sens de nos valeurs ? Si à première vue on peut trouver cela bête, cela l'est-il tant que ça ?

Tout cela vaut aussi pour ceux qui ne sont ni mobilisés, ni engagés, ni militants. Car le monde dans lequel nous évoluons les prive de la légèreté qu'implique leur âge, les projetant très tôt dans le désenchantement de toute leur génération. À avoir grandi trop vite, pensé raisonnablement et précocement, leur légèreté d'être en est impactée. Elle est certainement rétrocédée à toujours moins important que la cause environnementale. À laisser monter au créneau les jeunes avec autant de fougue, à laisser les moins mobilisés assister impuissants à tout cela, ne sacrifions-nous pas définitivement l'insouciance qui est un trait de leur âge ? Et ainsi tout retour futur vers l'envie de choses plus douces ? N'est-ce pas le signe qu'après tout cela, c'est l'adolescence humaine que nous sommes en passe d'impacter ? Une mue au service d'abord du collectif et pas de l'individu. Avec alors une adolescence modifiée et une enfance tourmentée. Les numéros verts d'écoute anonyme ont effectivement et récemment partagé leur inquiétude devant une nouvelle tranche d'âge qui les appelle désormais : les enfants de moins de 12 ans !

Tout semble être passé au niveau supérieur : l'urgence climatique, l'urgence avec laquelle en parler et l'âge auquel on y pense, on entre en politique ou plus exactement en citoyenneté. Avec notamment des Greta dédiant leur vie sur l'autel de l'urgence climatique ou de la biodiversité. Greta se permet-elle de rencontrer l'amour, se donne-t-elle ce temps ou même cette possibilité ? Rêve-t-elle quelquefois en secret d'être mère un jour ? Toujours est-il que des *fake news* l'ont dit enceinte. Pourrait-elle accueillir une envie de grossesse si elle devait la ressentir ? S'y autoriserait-elle ? Pourrait-elle être cohérente aux yeux du monde et au regard de l'image qu'elle incarne ? Un enfant de plus, le lui reprocherait-on ? Ce sont bien sûr des questions relevant de l'intime. On peut toutefois s'interroger sur le lourd tribut qu'un tel engagement représente à un si jeune âge. Toujours est-il qu'elle vient d'avoir le baccalauréat et qu'elle a cessé la grève de l'école puisqu'elle a terminé son cursus scolaire. Cohérente Greta. Et soucieuse de penser déjà la suite de son implication, d'autant qu'une nouvelle crise monte en puissance et pas des moindres.

Génération surnuméraire

Une autre urgence émerge en effet : l'urgence démographique. La crise ultime, taboue et latente. Cette question semble exploser dans les consciences. Il va sûrement falloir encore du temps et quelques courageux pour que nous regardions en face cette réalité. D'autant que par le passé aucune génération précédente n'a eu à la confronter. Mais le constat est aujourd'hui sans équivoque : nous serons bientôt 8 milliards puis 10 dans peu de temps, car plus nous sommes, plus nous consommons et plus nous enfantons quand même. Question d'arithmétique.

Même si le chiffre de la natalité planétaire semble ralentir, il va falloir être intelligents, adaptatifs et patients entre-temps.

Car bien avant d'être moins, nous allons être plus. Il va nous falloir alors avoir une vision à court, moyen et long terme. À court terme en premier lieu, car notre actuelle expansion démographique pose déjà des problèmes en termes d'eau, de nourriture et de terre où pouvoir vivre. Les migrations climatiques, économiques et politiques ne sont plus annoncées, elles sont désormais une réalité et une problématique relevant de la politique internationale. Dans ces circonstances, il n'est pas compliqué de concevoir que l'idée romantique d'un enfant « fruit de l'amour » peut sembler décalée. Il paraît logique que les aspirations aillent à d'autres priorités, reléguant là encore la vie amoureuse et familiale au second plan. La Terre d'abord.

Tout cela se raconte dans les rencontres avec mes patients. Et la crise sanitaire n'aura pas aidé à l'enivrement d'un tel projet. J'entends au quotidien des femmes m'interpeller et attendre une réponse, un regard, un réconfort, quand elles s'interrogent sincèrement sur le projet d'enfant. Je les entends en couples se poser sincèrement la question de l'égoïsme. Pensant à l'enfant, ils se disent que ce monde n'est « pas un cadeau à lui faire » et que c'est certainement égoïste de vouloir un enfant. Et pensant à ce monde, ils se demandent si c'est un cadeau à lui faire que d'y mettre un vivant de plus. Certains vont jusqu'à calculer l'empreinte surajoutée de leur potentiel enfant. Quand on pense qu'on est arrivés à estimer l'empreinte carbone d'un nouveau-né et de ce qu'il en coûte à la planète de voir naître cet enfant, on comprend définitivement que la fraîcheur du projet est révolue. Très dissuasif en prime. Forcément violent en termes de cohérence quand on est de fervents écologistes. De quoi vraiment perdre toute envie et se murer dans une réflexion quasi définitive rien qu'à l'idée. Certains concèdent alors à n'accueillir qu'un seul enfant, pas deux, contrairement à leurs envies personnelles.

Mais c'est oublier que c'est notre manière d'accueillir un enfant qui fait son empreinte carbone. C'est toute l'incitation à la consommation qui est en question. En effet, revenant aux peuples premiers, leur accueil d'un nouveau-né est tout ce qu'il y a de plus écologique et économique. Transposant à la société occidentale, il n'est pas certain que le bébé ait besoin d'autant de pyjamas, neufs de surcroît, de couches jetables, de la poussette dernier cri, de petits pots en verre ou de sachets jetables en guise de compote de fruits. C'est effectivement oublier que le nombre d'humains est bien sûr un problème, mais pas le fond du problème. On peut prendre l'exemple du continent africain qui est le plus peuplé, mais pas le plus pollueur, producteur et consommateur. Le fond du problème est et restera notre état d'esprit. Sa résolution ? Notre qualité d'être et de conscience.

Aux grands maux, les grands remèdes

Par le passé, nous critiquions la sélection par le nombre de la Chine et sa politique de l'enfant unique. Nous critiquions la sélection par le genre en Inde et sa politique de l'homme survalorisé. Ces deux nations en sont revenues. La Chine relance sa démographie pour faire tourner l'économie de son pays. Elle a même déclaré travailler sur l'utérus artificiel avec des embryons de souris, le tout surveillé par l'intelligence artificielle. Elle a aussi émis son souhait d'élargir les recherches sur l'utérus artificiel aux embryons humains pour se repeupler. L'Inde, quant à elle, s'est aperçue un peu tard que, sans petites filles, elle n'aurait plus de femmes pour assouvir le besoin sexuel de ses hommes. Et plus de mères pour porter leurs enfants.

Deux illustrations du manque de recul, de réflexion, de concertation et de vision à long terme. Toute une politique du berceau qui trouve ses limites et a déjà trouvé ses moyens pour y remédier. Deux illustrations de l'humain capable de scier la branche de l'arbre sur laquelle il est assis. Jusqu'à même son renouvellement procréatif. Jusqu'à son origine et son avenir. Alors qui va statuer mondialement sur la question démographique ? Quel pays va renoncer à sa culture, son état des lieux, son intérêt ? Qui le peut d'ailleurs, de quel droit et avec quels moyens ? Avec quelle éthique surtout et quels critères ? Qui pour balayer devant sa porte et à présent sur le palier de l'humanité ?

Alors aux grands maux nous apportons les grands remèdes. Cela se fait déjà dans l'opposition, la confrontation, le jugement et l'incompréhension. Sur différents plans : individuel, collectif ou étatique. Et dans un *tempo* visant tour à tour le court ou parfois le long terme. De quoi s'y perdre.

Force est aussi de constater que les remèdes reviennent principalement aux femmes. Ils leur sont plus ou moins imposés selon là où elles vivent et selon leur plus ou moins libre arbitre. S'agissant de résoudre la surpopulation humaine, ils vont du renoncement conscient, de la grève du sexe et du ventre ou du « zéro-grossesse », à la stérilisation massive, en passant par la ligature individuelle des trompes ou l'éducation sexuelle des petites filles. S'agissant de résoudre le déclin amorcé de l'Humanité, cela passe par des encouragements à procréer et des primes à la clé, par la revalorisation des familles nombreuses mais aussi par des recherches sur l'utérus artificiel afin de contourner la participation des femmes.

Tout s'entend, tout se voit et bien des choses s'expérimentent dans un grand mélange des genres. Vertige.

Notre cerveau s'y perd. Il s'y perd d'autant qu'il y a contradiction pour lui : nous sommes en surnombre et pour un moment encore, mais globalement notre courbe mondiale des naissances est déjà en baisse. Il a du mal à comprendre cette discordance. Elle est due aux temporalités différentes de la courbe humaine de la natalité. Il y a en effet une réflexion à mener à court, moyen et long terme. À court terme, car nous sommes déjà trop nombreux pour des ressources terrestres insuffisantes. À moyen terme, car nous serons encore plus nombreux avec encore moins de ressources et plus de problèmes. Et à long terme, car notre courbe mondiale décline déjà et qu'elle est toujours longue à inverser dans un sens comme dans l'autre. C'est un peu comme un paquebot en mer qui ne peut freiner d'un coup ni prendre un virage à 90 degrés. Il lui faut anticiper pour imaginer freiner à temps et tourner au bon moment. Revenant à la surpopulation, cela signifie que l'équation est plutôt insoluble, tant il n'est pas concevable de commencer à repeupler en pleine surpopulation sans trop de ressources. Cela signifierait un calcul millimétré à grande échelle sans possibilité de maîtrise mondiale. Insoluble.

Cela semble nous ramener individuellement au fait que chacun ne pourra absorber toutes ces contradictions et ces points de vue. Cela nous ramène au fait que rien ne sera harmonisé mondialement. Cela revient à l'humilité qui nous manque pour comprendre qu'on ne maîtrise pas la vie et pas son déclin, qu'on peut y participer mais pas remédier à sa direction. Cela semble indiquer à vue d'œil que les renoncements individuels en cours peuvent contrebalancer en partie la crise démographique. Cela semble même souligner qu'enfanter est finalement une décision personnelle qui relève de l'intime. De l'intime d'une femme, d'un couple et d'une famille au sein d'une société. Mais pas d'une société qui intime aux femmes de procréer pour repeupler un pays ou les contraint voire les stérilise pour réguler sa population, comme cela a pu exister. N'y a-t-il pas finalement dans le « j'ai mal à la Terre », un « j'ai mal à ma terre intime » qui lui fait face ? N'y a-t-il pas là l'occasion d'un retour à la source des femmes, à la source de la Vie ? Une invitation à repenser les fondamentaux, à les retrouver, à retrouver notre origine : des vivants.

Retour à la source

À bien y regarder, il est interpellant de voir les humains que nous sommes, polluer. Ils nous enseignent magnifiquement que qui pollue en haut, pollue en bas et finit par polluer partout. Ils nous enseignent que qui pollue dehors, pollue dedans. Mais aussi que qui pollue un jour, finit par se polluer lui-même plus tard. Et que ce quelqu'un arrive à terme à polluer sa santé physique mais aussi psychique, en raison de l'invention de toutes ses nouvelles pollutions. Et même jusqu'à la source – l'eau – et sa propre source, le renouvellement de son espèce.

Pour l'illustrer, ces études nous montrant que l'on retrouve du plastique jusque dans le liquide amniotique des bébés *in utero*. Ou ces scandales sanitaires révélant que des mères allaitantes ont pu intoxiquer leur bébé en ayant consommé des fruits et légumes de la terre agricole polluée où elles vivent. Ou encore ces reportages mettant en lumière que l'eau de nos toilettes est plus propre que celle que boivent les populations d'Afrique. Pour parachever le tout, il semblerait qu'à avoir pompé les nappes phréatiques profondes en quête d'eau, nous ayons fini par modifier l'axe de la Terre au sein de l'Univers !

Humus, humilité, humains : mêmes racines

Je crois fondamentalement qu'un être qui pollue est un être qui s'est coupé de l'intelligence du vivant. Je crois véritablement qu'un être resté connecté à elle ne pollue ni le haut, ni le bas, ni les autres êtres vivants, ni les quatre éléments et certainement pas l'eau, base de toute Vie. Cela aurait dû nous interpeller que des peuples autochtones restés depuis toujours connectés à cette intelligence, demandent que nous ne les approchions pas ou plus. C'est le cas d'un peuple premier d'Australie qui a demandé et obtenu que cesse le tourisme occidental sur leurs terres de tradition et à ce que Google Earth retire les images satellitaires de leurs sites sacrés. C'était le cas bien avant eux du peuple des Sentinelles qui a toujours refusé que nous approchions ses rives, accueillant les arrivants à coups de flèches mortelles. Pour eux, l'équation semble évidente : sans racine, pas de tronc ni de branches, point de feuilles ni de fruits. Plus d'arbre de Vie consécutivement, tant tout en lui est interdépendant de la terre et tend de tout son axe vers plus de lumière et de ciel. Si l'image paraît poétique et l'est probablement, elle est aussi vraie et parlante. C'est pourquoi il était temps que nous revenions à nos racines et que nous rouvrions le vieux Livre de la Vie. Un petit élagage semble en effet plus que le bienvenu. Mais pour cela il va falloir que nous fassions preuve d'humilité, de sobriété et que nous réglions en même temps quelques-uns de nos dossiers sociétaux brûlants.

À commencer par un certain « j'ai mal au genre féminin et masculin ». Assez logique après le « j'ai mal au genre humain » assurément vécu par la Terre, que nous nous attardions justement à notre genre humain, à son positionnement au sein du vivant et à son expression en société.

3
J'ai mal au genre féminin et masculin

«J'ai été élevée par ma mère, une féministe jusqu'au bout des ongles. Je respecte ses combats mais je ne me reconnais pas dedans, j'ai les miens. J'ai toujours eu l'impression qu'elle en avait après les hommes. Petite, j'ai été élevée avec plein de phrases comme "méfie-toi des hommes" ou "les hommes, tous les mêmes"… Moi, je trouve que les garçons d'aujourd'hui sont différents. Ils sont plus sensibles, plus dans l'échange. Ils sont d'accord avec nous pour plein de combats, on signe les mêmes pétitions. Mais ils sont aussi perdus, les pauvres. Je crois qu'ils ont peur des filles d'aujourd'hui car on ne se laisse plus faire. Du coup, je trouve compliqué d'être une femme aujourd'hui. Même avec le mot "femme", j'ai du mal. Et avec ces questions de genre, je ne sais plus où me situer. Mais une chose est sûre, je ne juge pas, car j'ai des potes de tous les horizons et qui ont trop de problèmes en tant qu'homo ou que trans.» Lynn

« Moi, je me demande si tout cela est bien réel car j'ai parfois l'impression que toute la gravité du monde est arrivée d'un coup. J'en arrive à me demander pourquoi tout ça, quel sens ça a. Souvent je réfléchis à quel sens peut avoir ma vie. Je me demande même à quoi ça sert de vivre. Je vois aussi le spleen de ma petite sœur de 17 ans et ça me fait de la peine. À quoi vont ressembler nos vies ? Alors la question de quelle femme je suis et qu'est-ce qu'être une femme ! Avec cette crise sanitaire, on s'est demandé avec mon chéri si on devait partir loin ou rester, et même rester ensemble ou pas. Mais partir où, pour faire quoi, vivre quoi ? En discutant on a pris conscience qu'un départ n'allait pas être la réponse et qu'on n'avait pas envie de se perdre. On a aussi compris qu'on pouvait perdre nos proches plus vite que prévu (ma grand-mère est décédée). J'ai même ressenti que j'avais envie de faire vivre l'amour que j'ai reçu de mes parents, de le vivre en tant que mère et de le faire vivre à des enfants. Ça paraît bateau, les filles, désolée. Mais c'est ça que j'ai envie de transmettre aujourd'hui : la vie et ce message de vie. Finalement, l'amour, c'est ce qui reste quand on perd tout, non ? » Meije

« Quand je vous écoute, j'ai la sensation d'avoir toujours été soumise à des injonctions. Petite, j'ai été poussée à bien travailler à l'école pour avoir le choix d'un bon métier. Adolescente, il fallait que je sois toujours bonne et si possible jolie. Maintenant, je sens que les injonctions et les pressions changent. Elles sont davantage sur le plan personnel. Genre un amoureux, une vie de couple et des enfants pour faire plaisir à ma famille. Les discussions des filles sur les réseaux ou quand on parle entre nous, me font comprendre que le problème ne vient pas de moi. Je réalise que quoi que les femmes fassent, elles ne sont jamais comme il faudrait : elles ne sont jamais assez pro, jamais assez disponibles ou heureuses. À écouter mes grands-mères, j'ai l'impression que ça leur paraissait juste normal d'être mère puis d'être grand-mère

et qu'elles attendent maintenant d'être arrière-grand-mère. À écouter ma mère, j'ai l'impression qu'elle râle sur le sujet mais qu'elle ne bouge pas beaucoup. Et à vous écouter, je comprends qu'on est prises en otage d'injonctions qui n'en finissent pas. Limite, moi, je me mets celle d'être libre. Du coup, je ne le suis même pas. » Louise

Naître fille et devenir femme

Il est assez fou d'écouter les jeunes femmes d'aujourd'hui. Elles sont plus connectées, plus informées, plus libres dans leur expression. Tout comme les générations précédentes, elles se posent des questions. Confrontées à autant d'informations, elles cogitent beaucoup et probablement trop. Si naître à cette époque n'est simple pour personne, naître fille l'est certainement encore moins. Cela tient au conditionnement du genre féminin dès sa naissance et toute sa vie.

Cela est rattaché à une différence de constitution biologique visible à la naissance. « C'est une petite fille *versus* c'est un petit garçon. » Il est étonnant d'ailleurs que nous nous fixions sur la partie génitale visible d'un enfant pour nous réjouir ou pas de sa naissance, attendant un genre plutôt qu'un autre, et prédéterminant la vie d'un petit être à partir de là. Cela fait d'ailleurs l'objet de consultations à part entière, certains parents ne parvenant pas à se faire à l'idée d'accueillir un enfant de tel ou tel sexe. C'est dire si nous sommes conditionnés par cette question. C'est ce que dénoncent les jeunes filles actuelles. Elles sont nées avec un certain nombre d'acquis sociaux et ne comprennent pas pourquoi le monde reste encore sous le joug du masculin. Avec un système mondial globalement patriarcal et des inégalités hommes/femmes aussi massives.

L'histoire humaine a ainsi forgé ces repères dont nous cherchons désormais à nous défaire. Une histoire construite globalement depuis notre naissance sur la base d'un organe sexuel visible. Elle est renforcée par une différence de constitution physique, en raison d'une charpente musculaire et osseuse plus importante chez les hommes. On peut d'ailleurs se demander si cela a toujours été le cas dans l'histoire humaine, sachant que notre mode de vie agit sur notre constitution et son évolution. Est-ce cette différence physique qui a initié le début du rapport de force d'un sexe avec l'autre ? Ne dit-on pas « le sexe fort » et « le sexe faible » ? Ne dit-on pas « le sexe opposé » pour en rajouter au tout ?

L'histoire se poursuit avec un tracé de vie prédéterminé à force d'injonctions bien établies et avec la participation de tous et toutes. Avec un regard bien imprégné jusque dans l'inconscient collectif. Avec aussi une éducation familiale, scolaire et sociale bien au point jusque dans le genre des mots, le masculin l'emportant toujours à la fin (tous les hommes et les femmes, par exemple). Et avec la vie qui va avec, une petite fille étant depuis longtemps conditionnée à devenir femme auprès d'un homme puis la mère des enfants de celui-ci. À son insu et l'air de rien. Avec un rapport de force inspiré aussi par la différence des sexes de l'homme et de la femme. Celui de l'homme s'érigeant avec vigueur vers l'extérieur quand celui de la femme paraît accueillir à l'intérieur d'elle-même. Tout cela tenant d'une sexualité d'emboîtement des deux sexes et des deux genres, dont le dessein combiné semble aller jusqu'à la procréation. Un rapport de force pouvant virer au rapport d'abus avec la question intime de la contrainte physique et/ou psychique. Tout cela pouvant se tramer au sein d'un couple ou pas, dans la société humaine, jusqu'en temps de guerre avec le viol pour arme.

Toute une violence multiformes. Toute une tendance dans laquelle je ne cherche à enfermer ni les femmes pas davantage que les hommes. C'est toutefois dans ce contexte qu'est arrivé le phénomène #MeToo.

#MeToo, une période de reconnexion au genre féminin

Au départ de #MeToo, le *tweet* d'une jeune actrice américaine : « Il est temps d'être honnête. C'est un secret de polichinelle à Hollywood et dans les médias. Ils m'ont humiliée pendant qu'ils adulaient mon violeur. » Au cœur de la polémique : un vieux producteur influent, accusé de harcèlement et de viol par des dizaines d'actrices et de ses collaboratrices. Un *tweet* devenu viral qui a vu la naissance d'un *hashtag* francophone #MoiAussi, non moins viral. Cela a permis aux langues des victimes de se délier et de mener à la condamnation du prévenu. Cela a permis à bien des femmes de raconter un vécu semblable. Un voile s'est ainsi levé, laissant femmes et hommes sous le choc.

La crise générée par #MeToo a été singulière à bien des titres. Elle est arrivée après un siècle de féminisme engagé. Elle est arrivée *via* les réseaux sociaux qui ont rendu l'information virale. Ce *tweet* américain s'est effectivement répandu de par le monde, qui lui a envoyé en retour du soutien, une visibilité et de l'indignation mondiale. Elle est arrivée aussi dans un milieu qui ne s'y attendait guère : le milieu artistique. Un milieu imaginé ouvert et moderne, avec des acteurs, comédiens, chanteurs, écrivains, pensés libres et indépendants. Ceux du genre masculin possiblement mais manifestement pas ceux du sexe dit « opposé ». Loin de là. L'effet d'une bombe. L'occasion de mesurer l'inégalité des regards, des droits et des traitements au nom du genre masculin.

L'opportunité de mesurer l'ampleur des dégâts jusque dans les milieux perçus comme les plus « érudits ».

Le phénomène #MeToo est aussi particulier au sens où il illustre et cumule bon nombre des maltraitances vécues par les femmes. Abus de traitement professionnel, avec des divergences d'attentes, de salaires et d'interactions, selon votre genre. Violence d'un chantage sexuel à l'obtention d'un contrat, avec ce qu'on appelle trop légèrement « la promotion canapé ». Et donc le viol jusque dans ces milieux où l'on imagine les femmes capables de dire non. Violence encore faite aux corps féminins dans les standards esthétiques attendus, et par les hommes surtout. Une violence « en milieu privilégié » et qui entache bien d'autres milieux, comme la politique, l'armée, la police, le sport, les arts, pour ne citer qu'eux. Qui rejoint aussi les ramifications de la violence en général. Dont la violence conjugale et familiale, déjà identifiée auparavant mais davantage visibilisée à présent. Dont les violences gynécologiques et obstétricales, nouvelles venues sur le devant de la scène publique. Jusqu'à voir se constituer un groupe de sages-femmes avec un *hashtag* #JeSuisMaltraitante… sans le vouloir. Quand un autre, toujours de sages-femmes, a enregistré un podcast sur la maltraitance institutionnelle, dénonçant leurs conditions de travail inadéquates. Il semblerait que la violence ait été contagieuse, mettant en lumière ses expressions du passé, du présent et à l'avenir. Bien des violences données et reçues, intentionnelles ou pas, directes ou non, et plus ou moins conscientes. Des violences qu'il n'est désormais plus possible de contenir ni de taire.

Avec le scandale #MeToo, il semble que la boîte de Pandore des abus sur les femmes s'est ouverte. Si c'est le début d'une prise de conscience, tout reste à faire au-delà du constat. Cela a toutefois entamé des débats collectifs nécessaires sur la séduction, le consentement et la contrainte. Cela a conduit les jeunes générations à une réflexion plus poussée sur toutes ces nuances de taille. Dans un même temps, cela a donné le signal aux hommes concernés que dorénavant leurs abus ne seraient plus passés sous silence, et aux non-concernés qu'ils devaient être attentifs à ne pas participer à d'éventuelles confusions ou fausses interprétations. De plus, on a constaté que la dénonciation d'abus était montée en puissance et utilisée parfois pour salir quelqu'un à tort. Sans commentaires, mais avec pour conséquences secondaires de desservir la parole de celles et ceux qui en sont victimes. Que de dommages collatéraux qui nous invitent néanmoins à continuer le travail de transparence en la matière !

Du côté des femmes, cela a lancé des conflits entre elles, chacune graduant différemment les abus et craignant de perdre la séduction hommes/femmes. Des conflits entre les actrices elles-mêmes, entre les femmes et entre les générations de femmes. L'opportunité de revenir sur l'histoire récente et de comprendre pourquoi toutes ces incompréhensions, ces divergences et cette agressivité existant entre les genres et intragenre.

Une histoire récente qui nous déborde

La femme s'est ainsi construite sur un socle à la fois biologique et historique, qui a influencé pendant longtemps notre manière de nous penser femmes. Depuis la première jusqu'à nos grands-mères et possiblement nos filles qui sont des jeunes femmes d'aujourd'hui. Jusqu'à même la femme-racine actuelle et celle dite « moderne », toutes habitant en nous plus ou moins consciemment. Il n'en reste pas moins que celles du siècle dernier nous habitent sûrement plus fortement que les autres. Car c'est là que les lignes ont bougé significativement. Cela s'est fait grâce aux différents mouvements promouvant les droits des femmes occidentales.

En moins de cent ans, nous avons effectivement connu une réelle révolution sociétale et légale. Elle a bouleversé la place de la femme dans notre société et donc celles de l'homme, du couple et de la famille. Cette révolution sociétale et les droits qui en sont nés, sont l'aboutissement de siècles de combats féministes. Nous oublions trop souvent de faire preuve d'humilité et de respect face au temps qui a été nécessaire pour obtenir ces avancées. Cela n'était pourtant pas gagné d'avance à l'époque. D'où cette nécessaire mise en perspective du présent avec le passé.

Petit rappel. En 1944, les femmes obtiennent d'abord le droit de vote. C'était la base. Elles sortaient ainsi de leur statut d'êtres mineurs. Comment prétendre effectivement exister et occuper une place, s'il n'est pas possible de participer à la vie de la société dans laquelle on vit et d'y faire entendre sa voix ? En 1965, les femmes ont obtenu le droit de travailler sans l'accord de leur mari. C'était là un premier pas vers une autonomie possible. C'était un moyen de mettre un terme à une dépendance à leur famille et leur époux. Car ce sont eux qui jusque-là subvenaient totalement aux besoins de leurs conjointes et les tenaient donc plus ou moins volontairement sous leur coupe. Elles ont aussi gagné le droit d'avoir un compte en banque en leur nom propre. Effectivement, gagner de l'argent n'a pas grand intérêt si vous ne pouvez pas en disposer librement. Sans compter que cela contribue à un socle de solidité dans vos choix de vie. Sans argent, pas de moyens, pas d'indépendance et peu de marge de manœuvre.

Mais cela demeure insatisfaisant, les hommes restant encore aujourd'hui plus riches sans en faire davantage, et cette inégalité commençant dès l'enfance. Des études montrent effectivement que les fillettes reçoivent moins d'argent de poche que les garçons, qu'ensuite elles sont moins choisies à des postes-clés, qu'à poste équivalent elles gagnent moins que les hommes, et que la vie de couple creuse ces inégalités. Il y a ainsi des acquis mais finalement encore trop peu d'évolution. Et des inégalités à repenser donc depuis la salle de naissance accueillant les petites filles et les petits garçons.

L'indépendance des femmes s'est néanmoins bien affirmée avec les lois de 1967 puis 1975. Les lois Neuwirth et Veil ont en effet autorisé respectivement les droits à la contraception et à l'avortement. Ces deux textes ont été deux tournants majeurs dans le combat des femmes. Ils ont validé que certes le corps des femmes possède une vitalité et une capacité à enfanter, mais que ce sont elles qui en disposent. C'est donc à ce moment que sexualité-plaisir et sexualité-procréation se sont dissociées. Ces lois ont apporté un vent de liberté accompagné d'une bourrasque de questionnements. C'est sans doute pourquoi peu de femmes parviennent à sortir du sentier emprunté par des générations de femmes avant elles et du schéma social unique, sans peur, ni reproches des autres, ni questions en leur for intérieur. Elles portent en effet en elles ce dilemme, fruit d'un lourd héritage tout aussi social que biologique.

Pas étonnant, dans ces conditions, que les femmes contemporaines oscillent entre la loyauté aux lignées de femmes qui les ont précédées, entre leurs propres valeurs et les pressions sociétales qu'elles subissent. Avec des femmes déchirées entre les anciens modèles qui nourrissent inconsciemment une certaine image de la femme et de la mère, et les nouveaux paradigmes du féminin qui nous bousculent depuis une petite centaine d'années.

Trop de changements et pas assez à la fois

L'évolution est de taille sur ce siècle, même s'il reste beaucoup à faire concernant la place de la femme, le regard qu'on lui porte et les égards qu'on lui doit. On pourrait alors se réjouir et se dire que de plus en plus de femmes ont les clés légales pour décider librement de leur vie. On pourrait aussi penser qu'il faut y aller à fond maintenant tant il reste à faire encore. Pas si sûr. Déjà parce que cette mutation s'est faite avec une telle accélération et radicalité – un siècle seulement à l'échelle de l'histoire de l'Humanité – qu'elle nous a fait perdre nos repères et gagner en confusion. Et qu'il faut du temps pour que chacune et chacun reprennent ses marques ou plus exactement en prennent de nouvelles. C'est le temps naturel de la métabolisation. Pendant ce temps qui s'écoule néanmoins, les jeunes générations doivent s'adapter à ces changements de repères qui faisaient auparavant office de balises de vie.

Finalement, on pourrait résumer la situation ainsi : tout a trop bougé d'un coup, concernant la place du féminin, des femmes et des mères, et consécutivement des hommes, du couple et de la famille. Il y a eu trop de changements à la fois, même si trop peu finalement.

Pour l'instant, on est dans la revendication de poursuivre ce mouvement d'ouverture, mais aussi dans l'intolérance de davantage. Ainsi, il nous est aujourd'hui presque insoutenable de continuer à constater le sexisme ordinaire ou le jugement posé sur une femme qui ne veut pas d'enfant. Tout aussi insupportable le regard des femmes qui croient que tous les hommes sont « comme ça » – égoïstes –, qu'ils ne pensent « qu'à ça » – au sexe – ou sont violents. Il y a encore trop d'*a priori*, de cases toutes faites, d'étiquettes prêtes à coller sur les femmes comme sur les hommes. Comme trop d'enjeux qui se croisent et qu'on ne peut saisir, si on ne les met pas en perspective et à l'épreuve du temps. Bien des choses vont bouger, doivent bouger. Mais cela va se faire d'abord en exacerbant les contrastes, parce que ceux qui veulent faire évoluer les choses ont fortement envie que cela accélère sans plus attendre, et parce que ceux qui veulent préserver les acquis vont mettre toute leur énergie à résister. Et c'est ainsi que la vie progresse dans l'opposition et les tensions, sans grande harmonie.

À souligner que les droits des femmes se concentrent sur un lieu, un temps, une préoccupation. Ils évoluent à mesure que les lieux, les temps et les préoccupations de ceux qui vivent là, changent. Dissemblablement alors pour les femmes du monde et pour certaines encore terriblement malmenées. Difficile pour chacune de ne pas penser à ces femmes d'autres pays encore dans un statut d'être inférieur, avec des fillettes excisées précocement et privées de leur possibilité de jouir, et d'autres mariées tout aussi jeunes, mineures à vie. Une évolution mondiale du statut des femmes loin d'être en équilibre et harmonieuse.

Il faudra aussi oser le problème des abus du masculin jusqu'à sa racine. Il faudra avoir le courage de s'attaquer au pire d'entre tous : l'inceste. Le nombre des petites filles est largement sous-évalué, entre celles qui ne s'en souviennent pas, celles qui n'osent pas en parler et celles qui ne consultent pas. Les thérapeutes le savent bien. Il nous faudra alors mesurer que c'est à l'échelle de vies entières que ces violences sont faites au féminin. Un énorme morceau sociétal. Nous sommes dans la bonne direction. Mais il faut s'attendre à ce que cela se fasse dans la revendication et la colère. Sans trop de dialogue, tant la colère est immense et contenue par des générations de petites filles et de femmes. S'attendre aussi à l'effet-rebond de plus de révélations, mais aussi à la levée d'autres abus, tel l'inceste vécu par les petits garçons ou imposé par des femmes. Il nous faudra être discernants et ne pas tout amalgamer.

Le temps de la colère

Mesurant ce qui vient d'être dit, on comprend la colère légitime des femmes. Elle est à présent compressée par des attentes immenses et faites de tous les changements précités. Elle est exacerbée par une société globalement instable comme en proie à d'autres violences (violences raciales, policières et autoritaires, pour ne citer qu'elles). Le contexte est donc explosif.

Mais la colère est saine. Elle est un passage nécessaire avant l'acceptation de ce qui a été et de ce qui est. Elle doit se traverser. Souvent mes patients me demandent combien de temps va durer cette colère. Je leur réponds que sa durée est proportionnelle au préjudice qu'ils ont vécu. Il faut donc parfois du temps à la colère pour qu'elle s'apaise. Aussi revenant à la colère des femmes, elle sera probablement durable et aiguë. Les hommes ne seront pas épargnés par les foudres du féminin et les amours des femmes en seront impactées. Et consécutivement leurs éventuels projets de couple et de famille. C'est déjà le cas. Il appartient donc aux hommes de les accompagner sur ce chemin. Ne pas s'orienter dans cette direction ne serait bon ni pour l'alliance des genres, ni pour l'amour des êtres au-delà de leur sexe, ni pour la solidarité sociale, ni pour notre interdépendance écologique à tous. Mais, je le redis, la colère est saine.

C'est néanmoins un passage sensible, la colère obéissant à un cycle infernal qui peut s'alimenter sans fin. On le voit dans une cour de récréation d'école maternelle lorsqu'un enfant prend de force la pelle d'un autre au bac à sable et que ce dernier lui en jette une poignée dans les yeux. On le voit dans les relations adultes quand l'un est maladroit dans son propos et que son interlocuteur cherche *illico* à le toucher en retour. On le voit dans les guerres de religion qui n'en finissent pas, chacun voulant soumettre l'autre clan à tour de rôle sur la base qu'il l'a oppressé auparavant. Il en va ainsi du cycle de la violence humaine : action/réaction, attaque/défense, tu me fais mal/je te fais mal. On peut le constater dans les réactions des femmes aujourd'hui avec un engagement plutôt agressif, qui d'ailleurs ne parle pas à toutes. On le constate aussi dans une violence sociétale ordinaire où chacun déverse au quotidien son agressivité sur celui qui passe par là : au volant de notre voiture en changeant de file, à la caisse du supermarché si quelqu'un passe devant, dans les démarches administratives quand l'attente n'en finit pas, et par-dessus tout sur les réseaux sociaux.

Toutefois, il convient de mettre à jour ces mécanismes de la colère pour en sortir. Il nous revient de faire un pas de côté pour voir d'où la colère vient et contre qui ou quoi on la tourne ensuite. Contre son corps, contre soi, l'autre sexe, le même sexe, les femmes ou les hommes. Contre quelqu'un passant par là, pas au bon moment, pas au bon endroit. L'orientation de la colère est effectivement rarement le fruit du hasard. Il est important de faire cet effort car chacun sait que quelqu'un de raciste se trompe de colère, par exemple. C'est une personne qui la déplace vers une autre qu'elle ne connaît pas par ailleurs. Revenant de nouveau à la colère des femmes contre les hommes, l'évolution de celles-ci ne saura se faire sans un *reset* commun avec ceux-là. Les femmes et les hommes coexistent effectivement sur cette Terre, cela dépasse alors leurs relations sociales inévitables, leur éventuelle cohabitation dans la sphère privée et leurs potentiels amours hétérosexuels. Cela engage l'équilibre même de l'Humanité et son avenir.

Mais la colère des femmes n'est pas que tournée vers les hommes, elle l'est aussi vers les autres femmes et elle n'est pas moindre. Elle s'exprime entre les femmes d'une même lignée : entre les mères et leurs filles, entre les petites filles et leurs grands-mères. Elle s'exprime entre les jeunes femmes évoluant différemment selon leur milieu éducatif, culturel, religieux et social, y compris au sein d'une même fratrie. Elle s'exprime sur les terrains des contraintes sociales qu'elles peuvent avoir en commun. Il suffit pour s'en rendre compte de consulter des sites dédiés à la féminité, la contraception, la sexualité, la maternité, l'IVG, le couple ou la séparation. Ce sont des sujets privilégiés pour mesurer combien les femmes sont des juges sévères et terriblement virulentes envers leurs propres « sœurs ». Elles condamnent, intraitables, au nom de ce qui les oppose et des choix qu'elles ont dû, pu, su faire. Car celles qui s'opposent sur un sujet donné, sont précisément celles qui ont fait le choix contraire et veulent l'asseoir ou justement peinent à l'assumer. Souvent elles ont mal et font mal en retour.

Il faut bien en convenir : nous sommes faites de l'histoire de la Vie, de l'Humanité et d'une société donnée. C'est ce qu'on peut appeler la Grande Histoire. Mais nous sommes aussi faites d'une petite histoire, la nôtre. Notre histoire personnelle. Elle explique bien des choses même si elle n'excuse pas tous nos agissements.

Une histoire personnelle aussi

Cette histoire personnelle raconte comment nous avons été attendus ou pas, en tant qu'enfant (projet, surprise plus ou moins bonne ou drame). Comment nous avons été espérés et accueillis en tant que fille ou garçon. Elle parle de qui nous a élevés au quotidien, le plus souvent une mère et parfois une grand-mère, plus rarement un homme. Elle raconte les premiers stéréotypes de genre que nous avons imprimés : notamment nos places et rôles dans une éventuelle fratrie, le rapport à la vie de la maison, au travail et aux loisirs, le lien au corps, à l'intimité et la sexualité, notre présentation au monde avec tous les codes de la féminité et de la virilité, et l'importance du regard social et des autres. Entre autres.

Notre enfance raconte aussi quelle image de la mère nous avons eue : sacrificielle, absente, aimante, autre ou multifacettes selon le moment de sa vie ou même de sa journée. Notre enfance conte de même l'image d'un père : travailleur ou pas, investi possiblement dans les travaux d'une maison ou dans l'associatif, dans les tâches ménagères aussi, joueur et affectueux ou bien austère, exigeant voire intolérant. Peut-être aurons-nous eu la chance que nos parents vivent ensemble ou la malchance qu'ils restent ensemble bien qu'en conflits permanents. Possiblement se seront-ils séparés intelligemment ou sans penser aux enfants, les prenant alors en otage d'un divorce violent sans fin. Tout cela nous aura donné un modèle de mère et de père, de couple de parents, un genre d'enfance. Un modèle que nous souhaitons alors honorer, remercier, voire reproduire. Ou alors surtout pas, aspirant à le dépasser et à en inverser le cours. C'est tout cela qui se trame dans le souhait de former à son tour un couple ou pas, une famille ou pas. Ce qui est à ajouter au contexte écologique et social actuel, lui-même pétri d'une histoire récente déstabilisante.

À ce modèle de couple de parents (mère/père, homoparents, parent solo ou sans parents) se greffe le modèle de couple d'amoureux et d'amants perçu par les enfants que nous étions, au sein de notre propre famille ou en dehors. On oublie souvent cet aspect du couple car, en tant qu'enfant, on voit avant tout nos parents comme des parents. Le plus souvent parce que, devenant parents, ils en oublient leur vie de couple mais aussi les aspirations de leur jeunesse. Cela donne sur la génération actuelle des jeunes gens qui peuvent avoir beaucoup d'amour et de respect pour leurs parents, sans toutefois trouver la vie de couple de ceux-ci très inspirante. Et en général, davantage les jeunes filles devant la vie de leur mère. Tout cela aura dessiné en nous une image de la santé, de la vitalité et de la durabilité du couple. Et nous prendrons souvent cela comme un acquis et une vérité, alors qu'il s'agit juste de notre expérience personnelle.

C'est simplement une impression depuis notre expérience, fonction d'un vécu, d'une éducation, d'une lecture des évènements. Pourtant, cela constitue un livret d'injonctions au genre. Aux genres féminin et masculin, de couples et de familles que nous avons en tête. Au genre de vie que nous nous souhaitons. Pas étonnant à ce que nous en arrivions alors à nous questionner sur le genre tout court, sur le genre au départ de nos existences mais aussi sur l'origine du genre.

Notre genre en question

Dans notre représentation du monde, tout semble avoir un genre ou du moins un genre grammatical : une étoile, un ciel, une pivoine, un pingouin. Et donc un garçon et une fille, auquel l'humain associe des codes sociaux et des stéréotypes de genre. Des stéréotypes en premier lieu physiques. Par exemple, avec la longueur des cheveux attendue courte chez les hommes, longue chez les femmes et décriée quand des petits garçons portent aujourd'hui les cheveux jusqu'en bas du dos. Sans oublier que s'il y a un genre physique, il y a aussi un genre psychique. Les femmes peuvent ainsi s'apprêter au féminin et se révéler très masculines dans leur façon de manager leurs équipes au travail. Un genre physique et psychique qu'elles peuvent exprimer diversement à l'intérieur du foyer et en société. Ainsi ces mêmes femmes peuvent retrouver les tâches ménagères à la maison, préparer le repas pour des amis qu'ils ont invités ou laisser leur compagnon conduire quand ils se déplacent.

J'entends bon nombre de ces discussions chez les jeunes femmes qui vivent en couple et qui énumèrent ces réalités de genre. Elles mesurent aussi leurs ambivalences, attendant par exemple des hommes qu'ils changent leur pneu crevé sur un bord de route ou soient solides quand elles vacillent. J'entends ces mêmes discussions chez les hommes jeunes, réalisant que les femmes attendent d'eux autant de sensibilité que de force, selon les contextes, leurs besoins et leurs envies. Ce qui n'est pas aisé pour se repérer quand on a reçu une éducation genrée, vu ses parents dans un schéma et qu'on naît à une époque où tout bouge, sans avoir les clés du changement. On assiste ainsi à tout un *mix* du genre : physique et psychique, intérieur et extérieur, privé et public, ancien et nouveau, conscient et inconscient. Un *mix* d'une grande complexité.

Nous en sommes finalement au constat que nous sommes tous porteurs de féminin et de masculin. Nous semblons avoir dépassé un sexe de naissance et l'attribution d'un genre opposé à un autre. Nous en sommes même au stade d'attribuer l'expression des deux genres en chacun de nous. Avec la liberté désormais de l'exprimer dans un jeu, une quête, une provocation ou même une révolte. Avec par exemple de jeunes hommes affirmant leur masculin mais choisissant de se maquiller les yeux et de se vernir les ongles. Avec de jeunes femmes jouant sur leur androgynie ou de jeunes gens jetant le trouble sur leur genre qu'ils peinent à définir. Avec une mode surfant sur les codes, là où les premières jupes pour hommes semblaient une lubie de styliste il y a trente ans, alors qu'elles se portent désormais dans la rue. Avec des femmes manifestant dans la rue à coups de pancartes « Lâche-moi l'utérus ! ».

Et nous sommes en passe de l'accepter suffisamment pour que des mots naissent : binaire ou non, genré, agenré ou non-genré, *gender fluid* ou intersexe, ou encore cis. Une étude met d'ailleurs en avant que la moitié des jeunes disent avoir dans leur entourage quelqu'un qui se qualifie de « neutre ». Les trois quarts d'entre eux considèrent que la question du genre ne définit plus une personne, quand la moitié dit se vivre toutefois comme hétéro, préférant quelqu'un de l'autre sexe. Le monde bouge. Avec toute la confusion que cela engendre chez les trois dernières générations et chez celles du dessus qui les regardent, médusées, s'exprimer en société. Et avec tous les excès que suppose une transformation sociale aussi profonde.

Signe des temps, on voit de plus en plus de parents laisser cette liberté d'expression dans l'éducation de leurs très jeunes enfants. Ne conditionnant plus leur apparence physique, ni leurs jeux, ni leurs choix d'activités. Ils se révèlent finalement conscients que beaucoup se définit dès le départ. On voit des écoles se saisir alors d'une éducation agenrée, laissant les enfants vivre ce qu'ils sont profondément au-delà de leur sexe de naissance. Mais par-dessus tout, on entend de jeunes enfants parler de leur malaise avec leur sexe biologique. Ils expriment que leur corps dit un genre mais qu'eux en ressentent un autre. Ils le disent si sincèrement, si fort et le vivent si mal que leurs parents concèdent à un changement de prénom, de genre officiel et envisagent parfois une future opération devant le mal-être de leur enfant. De quoi questionner le genre plus loin que nos interprétations et nos jugements. Un genre émotionnel qui peut s'exprimer bien avant l'adolescence et dépasse l'idée du corps dans lequel nous naissons. Un genre qui dépasse les idées que nous nous faisions de lui. Un genre capable dans un même temps de redéfinir les relations humaines. Un genre universel capable de nous relier tous : le genre humain.

Jusqu'à redéfinir notre relation à l'autre

Cela va loin et vient de loin. Nous avons pu voir en effet combien un sexe a pris le pouvoir sur un autre, avec une prédétermination à la naissance faite autour du berceau de la petite fille et du petit garçon. Nous avons vu combien cela relevait d'injonctions multiples mais aussi du rapport de force pouvant aller à une violence multiformes contre le genre féminin. Nous avons vu aussi que des lois au siècle dernier ont réhabilité le sexe dit « faible » face au sexe dit « fort ». Elles ont fait des femmes des êtres majeurs et non plus mineurs dans une société jusque-là patriarcale et qui décidait pour elles. On a vu que ces lois touchaient au cœur de l'existence des femmes dans la sphère publique (avec le droit de voter, de travailler et de disposer de leur argent sur un compte en banque), mais aussi dans la sphère privée (avec le droit de disposer de leur corps et de leur sexualité). Cela a fait sortir les femmes du déterminisme à être mères puis grands-mères. Cela les a fait consécutivement se décaler de la généalogie du genre féminin. On a enfin vu que si c'était le bienvenu, cela s'était fait à un rythme effréné. On a bien compris qu'un vent de colère allait souffler durant tout ce temps et que les femmes allaient avoir envie de profiter de ce vent de liberté. On est allé jusqu'à entendre qu'au-delà d'être homme ou femme, nous étions avant tout humains. Ce qui amène aujourd'hui la société à explorer la question du genre et ce faisant, à redéfinir les relations humaines jusqu'aux plus intimes.

Car dans une relation, tout commence par une rencontre. Sauf que la rencontre a, elle aussi, été reconfigurée par les confinements et le numérique. Nous nous rencontrions dans la rue, chez des amis, au travail, lors d'une soirée, à l'occasion de vacances, avant de devenir amis ou amoureux. Aujourd'hui, la courbe des rencontres spontanées s'est inclinée face aux applications de rencontre. Dans un monde ultra-rapide et ultra-connecté, ces applications se sont développées à vitesse grand V. Si elles correspondent à quelque chose, elles ont aussi des effets profondément délétères. Pour ne citer qu'eux : la mise en relation non naturelle, la sélection sur critères et filtres, l'encouragement au *swipe*, l'approche consumériste et addictive, l'accessibilité sexuelle. Toute une mise en lien virtuelle de bout en bout, même si évidemment on peut faire une belle rencontre avec ce format et être bien sûr déçu d'une rencontre spontanée.

Avec alors des relations fantasmées à distance sans rencontre physique et qui finissent par s'essouffler. Avec des relations prudentes qui respectent le temps d'approche nécessaire à chacun mais peinent à passer au stade suivant. Avec des gens qui se voient tout de suite et se posent vite des questions d'engagement avant même d'apprendre à se connaître. Avec d'autres qui passent à l'acte sexuel très tôt et se révèlent dépités d'un sans-suite. Avec alors de nouveaux modèles qui mettent en lumière ce qu'il y avait de juste dans les anciens, dont la biologie d'une rencontre et le *tempo* naturel qui lui est nécessaire et que le numérique biaise.

Jusqu'à dénaturer le lien vivant et vibrant entre humains

Ces applications d'un nouveau genre impactent jusqu'à l'amour des sentiments et des corps, en influant dès le départ sur la rencontre entre deux êtres. Sur leur séduction mutuelle s'ils se plaisent, l'envie de se revoir, la synchronicité de leurs réponses, l'amorce d'une relation, les débuts d'une communication amoureuse et l'engagement potentiel dans un lien. L'engagement, le mot est lâché. Car au fond, c'est toute la question de l'engagement qui se joue dans cette manière de communiquer sur des applications de rencontre ou sur les réseaux sociaux. Cette façon impacte en effet les sentiments, amoureux déjà mais aussi amicaux (amis de longue date avec lesquels on échange davantage numériquement qu'en présence/nouveaux amis virtuels, en nombre et en groupe). Elle impacte aussi les sentiments sociaux (contacts personnels et professionnels principalement *via* le numérique, modifiant la manière même de se rencontrer, de travailler et de collaborer). Toute une façon de communiquer qui a changé la face du monde humain tandis qu'elle distancie les êtres de leur physiologie, de leur intelligence émotionnelle et de leur instinct à ressentir les êtres proches ou en devenir.

Cela va jusqu'à virtualiser l'engagement puisque de nouvelles applications proposent de rencontrer son avatar amoureux et pourquoi pas de s'unir à lui pour le réel et le virtuel. Elles fidélisent déjà un nombre important d'abonnés. Ceux-ci postent les photos de leur union, de leur quotidien éthéré et de leurs enfants, virtuels eux aussi. Ils suscitent évidemment la curiosité et déclenchent des abonnés en retour. Je vois là une dématérialisation de l'engagement amoureux. Hormis une redescente dans le réel (besoin d'une présence vibrante ou d'altérité vraie), cette proposition contourne en effet l'engagement authentique dépendant d'un autre. Elle répond aux indépendants impliqués dans une vie trépidante, aux solitaires malheureux, aux personnes aimant le jeu et l'innovation, aux déçus de l'engagement et aux traumatisés de la relation amoureuse et sexuelle. Elle surfe sur l'envie mais surtout sur les besoins, les manques et les douleurs de bon nombre. Elle s'inscrit certainement dans le prolongement des *tamagoshis*, ces jeux japonais des années 2000. Petits animaux virtuels à élever soi-même, ils avaient l'avantage d'être tout mignons, de ne pas faire de bruits, d'excréments, de ne pas nécessiter de nourriture à acheter et de litière à changer. L'illusion de s'engager sans ses inconvénients.

Mais chacun le sait, une rencontre virtuelle ne remplacera pas un trouble partagé, un frisson qui parcourt la peau, un coup de chaud, des papillons dans le ventre ou l'effet d'une voix. Aucune ne pourra se substituer à l'alchimie de nos sens qui sentent, savent et communiquent en présence. Passage obligé du vivant. Je me souviens de ce film américain *Her*, montrant un homme qui avait fait le choix d'une compagne virtuelle, produit de l'IA et activable chez lui. Elle avait tout, le fantasme dans la voix y compris. Elle avait même la compréhension programmée de tout ce qu'il avait à raconter de ses journées en rentrant. Elle n'avait juste pas de corps. Et la fin du film nous faisait bien sentir que personne n'inventera l'odeur rassurante des êtres aimés et le partage des corps qui se mêlent à l'unisson d'un plaisir inouï. Pas plus que l'IA ne saura reproduire la peau d'un utérus vibrant en lien avec l'univers d'un bébé ou les bras sécurisants d'un parent ou d'un être cher.

Cela nous conduit d'ailleurs à évoquer la question de la sexualité. On se doute bien qu'elle aussi est redéfinie par ces applications numériques que certains choisissent justement pour ça. Bien que ne se définissant pas comme des plateformes de mise en lien entre partenaires sexuels, les applications de rencontre sont aujourd'hui identifiées comme telles par leurs utilisateurs. Qui sont diversement en quête de tendresse partagée, de besoin charnel et d'envie de sexe.

Cela nous conduit à constater que les crises cumulées et nos nouveaux modes de communication ont impacté notre élan vital, notre rapport au genre, notre lien aux autres jusqu'à notre libido. Et que les libertés retrouvées des femmes en ont rajouté à une sexualité en voie de redéfinition avec tout ça. C'est ce que nous allons voir à présent.

Une sexualité qui distingue plaisir et sentiments

Toutes les tranches d'âge mesurent qu'une amorce virtuelle ne saurait avoir la même accroche qu'une rencontre naturelle, même si c'est parfois le cas et même si une rencontre de chair peut aussi ne pas se révéler solide. Cela compte en effet pour la suite, surtout au seuil de passer de la rencontre à la relation. Ce qui fait entrer la place de la sexualité dans tout ce mouvement entre rencontre virtuelle, physique et possiblement charnelle. Une sexualité elle aussi grandement redéfinie par la question des crises, des remaniements du genre humain et de la latitude retrouvée par les femmes.

Nous sommes vivants de ce point de vue là aussi, la sexualité étant une fonction biologique à part entière ayant la vocation de réguler notre corps et d'en équilibrer toutes les fonctions. D'autant plus avec les confinements sanitaires qui ont confiné les êtres, leurs élans et rendu impossible de se rencontrer dans la vie. D'autant plus avec les crises cumulées et les tensions individuelles qui vont avec. D'autant mieux avec des applications qui facilitent la mise en relation rapide et convenue. Tout cela participe certainement à ce que la sexualité se redéploie. En parallèle, il est intéressant de voir qu'on est passé d'une sexualité unique (un homme et une femme avec des formes de sexe se complétant au nom du plaisir et de la procréation humaine) à une vingtaine de définitions, juste après avoir inclus une autosexualité et une homosexualité déjà existantes mais restées longtemps taboues. Le compteur des types de sexualité a depuis explosé. Par ordre alphabétique : androsexuel, androgynosexuel, akioromantique, asexuel, cisgenre, demi-sexuel, demi-romantique, gynésexuel, *gray*sexuel, lithoromantique, omnisexuel, pansexuel, panromantique, polyamour, polysexuel, *queer*platonique, sapiosexuel et skoliosexuel. Pour ne citer qu'eux.

Il y a une logique à ce que les genres se démultipliant, la sexualité des êtres concernés le fasse aussi. *Via* toutes ses définitions, elle semble décliner l'alliance des sentiments et de la sexualité. N'a-t-on pas dit longtemps « faire l'amour » à propos de la rencontre physique des corps en y mêlant donc les sentiments ? On assiste ainsi à présent à toutes les combinaisons qui les séparent ou les réunissent. Avec du sexe sans sentiments et l'inverse, des sentiments sans sexe. Avec du sexe seulement quand il y a des sentiments ou justement des sentiments quand il y a du sexe partagé. Avec pour certaines personnes la question de l'engagement, à savoir du sexe quand il y a une durabilité des sentiments ou à l'inverse des sentiments qui naissent quand les corps se sont longuement partagés et racontés sans mots. Avec du sexe et des sentiments, fonction de l'attirance pour un genre physique, psychique ou intellectuel. Cela amène alors à penser qu'au fond ceux qui s'engagent dans une relation ne le font que lorsque la valeur essentielle pour chacun est au rendez-vous : diversement le fil conducteur des sentiments ou/et le fil rouge de la sexualité. Une certaine idée de la relation, voire une certaine exigence assumée des attentes qu'on peut avoir.

Il n'en reste pas moins qu'une rencontre charnelle sera toujours la rencontre avec un nouveau corps unique et l'expression d'un être non moins unique et quel que soit son sexe. Aussi que la rencontre soit hétéro, homo, bi ou autre, cela reste toujours une rencontre. À commencer par la grande oubliée, la rencontre avec soi, son corps et son plaisir. Une autre version du « connais-toi toi-même ». La découverte de sa propre sexualité, de ses possibles et de sa puissance.

Une conscience qu'ont certaines traditions excisant et mutilant les petites filles. Une conscience que n'ont pas toujours les petits garçons longtemps livrés à une sexualité du masculin, avec pour modèle les images de ce que serait une sexualité sans limites, à renfort d'images sexualisées de la femme et d'images pornographiques *hard* qui ont évincé ce que pouvaient être les films érotiques. Une conscience qu'ont de plus en plus de jeunes filles s'intéressant à leur cycle gynécologique et à la gamme des plaisirs de leur corps. De quoi déboussoler et étourdir hommes et femmes !

Nous assistons à une jouissance de la vie et des corps qui trouve déjà des limites. Car qui ne rêve pas d'Amour un jour ou l'autre, même sur le tard d'une vie ? Redéfinissant notre genre, notre sexualité et nos sentiments, la question de l'amour est ainsi posée. Peut-être même qu'avec elle, c'est au cœur des choses que nous touchons finalement.

La place de l'amour dans tout ça

L'amour, quel mot galvaudé ! Certainement un signe qu'en la matière nous n'y voyons pas très clair. On dit aussi bien « aimer » pour un aliment, une activité, une matière scolaire, un type d'art, un animal ou une personne. C'est le même mot dans notre vocabulaire quand, dans d'autres langues, il en existe des dizaines pour les nuancer. Il n'est pas sûr néanmoins qu'on aime les choses et les êtres de la même manière, avec autant d'importance et de constance. Ni même qu'on aime toutes les personnes de la même manière, la nature d'un amour amoureux, parental, filial, amical ou fraternel n'étant pas semblable. Et il arrive que des animaux nous soient aussi chers que nos proches. Et même qu'on soit plus attaché à un animal qu'aux humains, ce qui arrive à certains. On se rappelle à cet instant Paul Watson et son castor, Sébastien et Belle. On comprend alors ce flou artistique de nos sentiments, entre l'amour pour soi qu'on ne se porte pas toujours, l'amour d'un autre qui peut s'éteindre, et l'amour pour un petit être dont on doute parfois qu'on l'aimera autant qu'il en a besoin si on devient son parent.

Il est essentiel ensuite de distinguer l'amour de ce qui n'en est pas. Ainsi la passion, l'attachement, la dépendance ne sont pas de l'amour. Même s'ils peuvent se mêler à lui parfois, ils ne sont pas l'amour. Tout aussi essentiel d'extraire l'amour de son miel, de son rose bonbon, de ses niaiseries et de nos attentes de petits nuages et de bonheur. L'amour peut être cela et romantique parfois, mais fondamentalement il n'est pas ça. Il ne se contente pas de tout ce tralala. Il vise plus la profondeur que la hauteur et plus la durée que l'embrasement momentané. Je reste toujours touchée d'entendre chez mes patients de tous âges, qu'il y a cette quête au fond de chacun. Elle n'est pas toujours nommée mais elle se raconte même chez les pessimistes, les désillusionnés, les seuls au monde. Je reste aussi touchée d'entendre les jeunes savoir que cela existe mais ne plus y croire dans les circonstances actuelles. Je constate d'ailleurs combien les jeunes générations sont sensibles à l'amour durable, voyant les grands-parents encore ensemble. Mais combien cela semble les ramener à une certaine nostalgie, celle d'un monde perdu et qui leur paraît désormais peu accessible. Le Grand Amour existe-t-il ? Avons-nous tous vocation à le croiser un jour ? À quoi le reconnaît-on s'il se présente ? Ce sont des questions récurrentes.

On ne nous apprend pas davantage que l'amour se transforme, il ne dure pas sept ans, même si c'est le chiffre d'un cycle. Pas plus qu'on ne nous dit que l'arrivée des enfants renégocie l'amour du couple, lui rajoutant les notions d'attachement et un nouveau degré de maturité en amour. Tout le monde ne concrétise pas ce passage sensible. L'amour des débuts du couple, la qualité d'amour à l'arrivée des enfants, la vivance de l'amour après leur départ de la maison, c'est une grande histoire que j'accompagne dans mon cabinet spécialisé en périnatalité. Les enfants de celui ou celle qu'on a rencontré, c'est une autre histoire mais non moins petite. L'amour pour ces enfants-là est une autre affaire quand ces couples se séparent, sans droit officiel de rester en lien.

Cela montre finalement qu'on est assez ignorant en matière d'amour, qu'on en parle beaucoup mais qu'on en voit peu d'illustrations inspirantes pour suffisamment y croire. À moins qu'on ne regarde pas au bon endroit ou qu'on ne sache pas quand c'est de l'amour. Car parfois l'amour ne fait pas de bruit, n'a pas besoin de mise en scène. Cela démontre en tout cas notre intérêt collectif pour une dimension qui donne du sens à nos existences. Un sondage illustre bien cela. Il concerne des personnes malades en fin de vie et de tous âges confondus. À la question de leurs émotions au moment de quitter la vie terrestre, ils disaient regretter principalement d'avoir consacré trop de temps et d'intérêt à leur travail et pas assez à l'amour et aux êtres aimés.

Je crois qu'aujourd'hui nous mélangeons tous beaucoup de choses quand il s'agit d'amour. Et du coup nous ne savons plus bien où nous en sommes et quelle direction prendre dans l'existence. Car autant on peut affiner son genre et décider de sa sexualité, autant on ne choisit pas grand-chose en matière de sentiments, encore moins lorsqu'il s'agit d'amour partagé. Nous pouvons participer à le dilater, pas à le faire exister. Il se combine ensuite avec l'engagement auquel on est prêt ou pas. Et c'est là où le bât blesse, où des repères nous manquent, où des valeurs peuvent nous opposer et où les questions délicates arrivent. Comment faire deux ensemble ? Comment s'unir sans se perdre soi dans une relation ? Comment partager sans se contraindre ? À quel espace-temps commun peut-on concéder ? Comment exprimer ses sentiments multiples ? Comment vivre l'expérience d'une sexualité aux valeurs parfois différentes ? Et avec quels projets individuels, voire communs ? Osera-t-on se poser la question qui fâche actuellement (des enfants un jour ?) et y répondre chacun ? Cette réalité questionnée de l'amour durable, de la relation et de l'engagement, amène inévitablement à une redéfinition du mariage.

La case mariage

Le mariage était auparavant le point de bascule et de fermeté de l'engagement. Elle symbolisait le fait de rester ensemble « pour le meilleur et pour le pire ». Ces dernières années ont bien fait bouger les lignes de la case mariage et son ordre établi : une rencontre, une relation et un mariage scellant une alliance à vie jusqu'à ce que la mort sépare ces deux-là. Avec tout ce qui vient d'être dit, on le comprend aisément.

Depuis un demi-siècle, le mariage n'est plus un passage obligé, ni même une étape devant en précéder d'autres, tel l'enfant. Certains choisissent effectivement de fonder une famille et de se marier sur le tard comme pour couronner leur union durable. Certains se marient quelque temps après un enfant parce que cette institution fait encore sens pour eux et qu'elle faisait partie de leurs projets. D'autres se marient mais n'aspirent pas à devenir parents. D'autres ne se marient pas, trouvant le mariage anecdotique. Quand d'autres sont même contre l'idée du mariage, bien que très engagés en tant que partenaires.

Cela tient probablement du fait de tous ces couples séparés autour d'eux, de tous ces divorces quand ils étaient enfants. Probablement l'envie aussi de s'émanciper d'une institution lourde et chargée d'histoire comme de symboles. Ne disait-on pas « la corde au cou », pour parler de « la bague au doigt » du mariage ? Tout un héritage, fruit d'un arbre généalogique familial et féminin, peuplé de mariages pour certains pas très heureux et bien arrangeants pour d'autres. Il n'a fallu que quelques décennies pour que ce changement s'opère, passant à l'échelle d'une vie : du mariage aux enfants, aux enfants puis au mariage, et aux enfants sans le couple ni le mariage, au mariage sans les enfants, jusqu'au sans vie de couple non plus. Aujourd'hui, nous venons au mariage, nous en détachons et y revenons même parfois. Plusieurs fois pour quelques-uns. Il reste d'actualité, mais pour ceux qui en ont envie ! Là encore, on ne se départit pas comme cela d'une institution qui a fait « rêver des décennies de petites filles », entre la robe de princesse du grand jour et les contes de fées qui en étaient peuplés. Il aura juste perdu de sa superbe mais trouve encore ses adeptes qui en redéfinissent juste les modalités. Des docu-réalités refleurissent d'ailleurs sur ce sujet.

Il n'en reste pas moins qu'au-delà de son injonction sociale, le mariage contient une expression de l'engagement en amour. Il n'y a donc pas de hasard à ce qu'il se soit invité dans une nouvelle loi qui a fait jurisprudence, entre anciens et nouveaux repères : « le mariage pour tous » et pas que pour les hétéros. Une loi en quête d'égalité de droits dans ce nouveau paysage du couple et de la famille. Effet domino, elle vient confronter l'inégalité de droits entre les couples de femmes et les couples d'hommes, le droit à la PMA pour toutes n'étant pas acquis pour tous. Pas pour les hommes en couple ou célibataire. C'est dire si au-delà de nos genres et de nos amours, on peut conserver des schémas sociaux, familiaux ou biologiques. Comme on peut explorer de nouveaux schémas, en étant en couple ou justement pas, avec des projets partagés ou pas. Toujours est-il qu'il est difficile pour les trois dernières générations de détricoter ce que leur tête sait et veut, de ce que leur cœur raconte. Entre envie de sortir des sentiers battus, besoin d'y être, et ce que la société et les autres en pensent.

Changement de climat, changement de schéma

Le temps est donc à l'expérimentation, à toutes ses ouvertures, ses essais, ses excès, ses apprentissages aussi. Chacun semble inventer le tracé de son avenir. Tout en marchant sur des œufs car c'est de l'inédit sans trop de sécurité autour. Reste à avoir une petite idée de la forme que cela peut prendre pour soi, le couple et son engagement en amour, tout cela étant grandement remanié. Avec de nouvelles modalités sexuelles et amoureuses, physiques et psychiques. Avec la possibilité de ne plus séparer les corps des cœurs et n'en avoir pas peur. Avec des hommes moins contraints eux-mêmes et laissant plus libre court à la place du féminin dans leur vie et aux femmes dans la leur. Et possiblement avec de nouvelles modalités relationnelles et d'engagement, au-delà du genre des êtres rencontrés.

Les nouveaux schémas semblent même remettre en question les générations d'avant les ayant établis. Sur le tard de leur vie, ces adultes se demandent parfois s'ils ont fait le bon choix, une fois leur existence déroulée et au regard de tout ce qui bouge autour d'eux. Je vois d'ailleurs bon nombre de mes patients avoir des parents âgés partant vers un autre accomplissement. Ce qui souvent les insécurise car ils aimeraient bien, au regard de tout ce qui bouge autour d'eux, qu'au moins leurs parents restent stables. Mais l'effet de contagion semble bien là.

Il semble ainsi que nous assistions carrément à un changement de paradigme de vie. Avec un profond questionnement quant au sens qu'elle peut prendre, veut prendre, devrait prendre ? L'impression d'une transition vers un nouvel ordre et d'une sorte de chaos entre-temps. Une transition au sein de laquelle on repense la place du travail et de l'argent, on interroge l'espace des libertés au moment d'autant de contraintes et de responsabilités. Une transition mettant alors à mal les personnes songeant à être parents, l'étant devenus récemment, regrettant de l'être ou de ne pas l'être. Un mal de « mer » mettant les pères aussi à l'épreuve.

4
Mal de mères et de pères

Morgane a 28 ans aujourd'hui. Dans sa famille, ils ont tous l'esprit cartésien. La sensibilité de Morgane n'a pas toujours fait bon ménage avec leur vision pragmatique des choses. Aussi, quand elle a rencontré Johan, sa famille semblait rassurée face à ce jeune homme ayant les pieds sur terre. Morgane aussi, même si elle a su dès le début qu'un jour il voudrait des enfants. Le désir d'un enfant ? Elle ne sait pas ce que c'est. Elle s'est d'ailleurs dit, comme souvent, qu'elle n'était pas faite comme tout le monde. Ni comme leurs amis qui ont déjà des enfants et sur lesquels Johan s'attendrit. Ni comme celles qui vivent très mal de ne pas en avoir et qui sont en parcours de PMA. Si elle ne comprend pas toutes les femmes de son âge, elle ne se risque pas à dire ce qu'elle ressent. Elle cache d'ailleurs à tous son lourd secret : elle s'est volontairement retrouvée enceinte il y a peu mais n'a pas supporté cette grossesse. Elle a donc choisi d'avorter. Johan l'aura soutenue la voyant si mal, même si au fond il ne peut s'empêcher, depuis, de lui en vouloir. Il a tellement envie d'être père !

Dans un quartier voisin, il y a Alyson et Norah. Toutes deux trentenaires, elles ont vécu bien des galères amoureuses avant de se trouver. Dès leur rencontre, il avait été clair qu'elles voulaient des enfants et pas qu'un. Chacune avait une histoire compliquée mais pas au point de ne pas fonder une famille, ou au point justement d'avoir envie de créer la leur. Peu de temps après leur rencontre, elles ont mis ce projet sur le tapis de leurs discussions. Elles étaient d'accord qu'il fallait y penser maintenant, bien conscientes que leur parcours serait peut-être long et semé d'embûches. D'autant que contrairement à d'autres de leurs couples d'amis, elles avaient envie de transparence et de liberté pour ce projet leur tenant à cœur. Elles avaient envie de « bien faire les choses », sans demander à des amis hommes ou trouver un donneur sur Internet. Elles ont donc opté pour une PMA à l'étranger. Mais là n'est plus leur question, ce qu'elles veulent aujourd'hui c'est être au plus clair avec leurs enfants. Car elles envisagent d'en avoir deux et souhaitent chacune en porter un. Elles ont déjà bien réfléchi à tout cela avant de venir me poser leurs questions.

Devenir parents n'est plus l'évidence

Nous voilà revenus à mon avant-propos. Je vous disais que j'avais vu évoluer et même muer les motifs de consultation au sein de mon cabinet spécialisé en périnatalité. Avec notamment l'interpellation du désir d'enfant et du schéma unique – travail, couple et famille – et les questionnements qui vont avec. « Je ne veux pas d'enfant, est-ce normal ? (…) Elle a déjà un enfant et n'en veut pas d'autre, pensez-vous qu'elle puisse changer d'avis (…) Je suis célibataire et vais bientôt avoir 40 ans, je viens vérifier que je suis bien certaine de ne pas vouloir d'enfant parce qu'après ce sera trop tard (…) Je vis seule, je n'ai rencontré personne, concentrée sur ma carrière professionnelle je n'ai pas vu le temps passer. Le délai de conservation de mes ovocytes congelés arrive à son terme, je ne sais pas ce que je dois faire d'autant que, là, je ne me sens toujours pas prête. »

J'avais vu arriver les dilemmes des patients cherchant les bonnes raisons d'être parents face aux bonnes raisons nettement plus évidentes de ne pas l'être. « N'est-ce pas égoïste de vouloir des enfants ? (…) Un copain m'a dit : "Tu ne vas quand même pas te laisser gouverner par tes hormones." C'est vrai, pourquoi je n'arrive pas à me raisonner sur cette question ? (…) »

J'avais vu la préoccupation maternelle devenir aussi une préoccupation paternelle et se généraliser dans une préoccupation parentale. « A-t-on bien fait de mettre des enfants au monde (pensant au monde, à la société, aux enfants ou à eux-mêmes) ? (…) Mais qu'a-t-on fait (pensant à l'engagement, la responsabilité voire la culpabilité ressentie vis-à-vis de leurs enfants) ! »

C'est ainsi que devenir parents n'a plus été l'évidence. Toute une tendance montante et pas des moindres.

Évidemment, cela est dû en partie aux crises cumulées et à leur impact sur les prérequis pour devenir parents (une rencontre, une relation pérenne, une installation du couple et une sécurité matérielle de base). Il y avait quand même de cela dans le fameux schéma unique, même s'il contenait aussi des injonctions conditionnantes. C'est d'ailleurs souvent ce qu'exprime la clinique des IVG, quand faute de sécurité personnelle (union passagère, couple trop récent ou instable émotionnellement) ou de sécurité sociétale (pas de travail, de contrat professionnel, de salaire suffisant ou de logement), des femmes ou des couples décident d'avorter une grossesse.

Il est évident que la complexité des nouveaux modèles relationnels (rencontres, genres et déclinaisons sexuelles) compte aussi, apportant de l'agitation dans un projet demandant un minimum de clarté et d'assurance.

Il est de même évident qu'il était temps qu'arrivent de nouveaux acquis et droits sociaux à l'intention des femmes. Mais cela sème en elles de la confusion entre leur rébellion contre l'ancien modèle et leurs envies profondes, dont celle d'être peut-être mère au-delà de tout ça. Beaucoup de jeunes femmes le ressentent mais ne parviennent pas à détricoter tous ces fils. Certaines ne s'en rendent même pas compte ou alors sur le tard. Il faudra donc attendre plusieurs décennies pour mesurer l'évolution de toutes ces mutations en cours.

Il est tout aussi évident que notre conscience humaine s'expanse. Des questions fondamentales sont ainsi posées sur nos automatismes, nos fonctionnements sociaux et nos aspirations de vie. Et à ce jour, elles se révèlent sans réponse satisfaisante sur ce qui sous-tend finalement le projet d'enfant. « En quoi est-ce si évident de faire des enfants ? En quoi cela peut-il être une sorte de passage obligé ? En quoi est-ce une bonne chose d'en avoir ou de ne pas en avoir ? En quoi le fait d'être femme astreint à devenir mère ? » Ces questions sont là avant d'envisager d'être parents, mais je constate qu'elles sont là encore après. Comme des haut-le-cœur lancinants.

L'hypermentalisation de cette question

La mentalisation est très présente dans la société occidentale. Elle est due pour beaucoup à la césure tête/corps que nous faisons de ce côté de la planète. Elle atteint son sommet dès qu'il s'agit de devenir parents d'un enfant, cette question étant engageante à tous points de vue. Nous sommes ainsi dans une hypermentalisation de la question de la parentalité, puisqu'elle a perdu son caractère obligatoire, ses fondements et son élan depuis les dernières crises, et puisque le quotidien des familles est difficile par les temps qui courent. Je crois que ces excès de mentalisation participent non seulement à la perte d'élan vers ce projet, mais vont aussi participer à l'avenir à plus de situations d'infertilité inexpliquées. Elles existent déjà en PMA et sont dites « idiopathiques ». Ce sont ces situations où il n'y a aucune raison médicale pour expliquer l'infertilité persistante d'un couple. Et où les experts pensent que les freins ne sont pas que physiques.

Hormis les assurés de vouloir ou de ne pas vouloir d'enfants, tous les autres tournent en boucle sur la question. Devant l'impasse, ils la reportent. C'est ceux-là que je vois solliciter un rendez-vous dans mon cabinet. Ils cherchent un interlocuteur désaffectivant la question, car elle génère trop d'émotions en eux et de réactivité en famille, entre amis, en société et sur les réseaux. Ils sentent que la question est de taille et sont en quête de quelques pistes. Ils ne recherchent pas un avis tranché et général sur la question, ils aspirent à trouver leur propre réponse. C'est d'ailleurs ce que j'essaie de leur proposer avec la plus grande honnêteté. Car je suis bien consciente que c'est de leur vie dont il s'agit. Je me fais alors le miroir réflexif de ce que chacun me dit à mots clairs ou couverts, ou parfois entre les lignes. Je reste ainsi touchée de leurs probabilités calculées si finement. Bon nombre de jeunes ont en effet calculé que leur horloge biologique serait révolue avant que le monde aille mieux !

Il me revient alors cette phrase de ma mère : « Je suis contente de n'avoir pas eu à me poser toutes ces questions à l'époque, moi qui voulais tellement des enfants. » C'est un constat actuel : la question de l'enfant est de nos jours cérébralisée à outrance. Elle se pose comme elle ne s'était jamais posée depuis la nuit des temps. Et du coup elle ne fait pas bon ménage avec ce qui fut longtemps un élan du vivant et qui pouvait être un élan humain : « Faisons un bébé maintenant. » Elle est livrée en pâture au plus grand doute. Si le doute n'a jamais été loin s'agissant de l'engagement lié à l'enfant, il n'a jamais été aussi fort. Et s'il était fréquent par le passé au moment de devenir parent, il s'estompait en général une fois des repères pris et que l'enfant était là.

Ce qui change aujourd'hui, c'est que le doute n'est plus passager, il est et va être durable.

Le doute en héritage

Le doute est humain. Il est une mesure de la responsabilité que l'on ressent et de l'engagement que l'on pressent. Il est en quelque sorte une évaluation de notre conscience des choses.

Le doute a toujours été là dès qu'il s'est agi du projet d'enfant. Du moins à partir du moment où l'on a su comment on faisait les enfants, car cette connaissance est finalement récente à l'échelle de l'Humanité. Le doute s'est ensuite densifié avec l'avènement de la contraception. Celle-ci a apporté une ouverture sur le choix d'être parents ou non. Avant la contraception, on avait peur d'une grossesse en faisant l'amour et, si jamais, de devoir s'établir en couple et en famille. C'est l'histoire de bien des parents, grands-parents et arrière-grands-parents actuels. Après l'arrivée de la contraception, on a eu peur de ne pas prendre la bonne décision et que ce ne soit pas le bon moment ni la bonne personne.

Le doute s'est ensuite renforcé avec l'avènement de la psychologie dès lors qu'on a mesuré l'impact de l'éducation parentale sur les enfants (constructive ou parfois malheureuse). Depuis, la responsabilisation d'être le parent d'un enfant n'a jamais cessé de grandir. Je suis d'ailleurs saisie du nombre de jeunes mesurant cela. Ils se représentent en quoi un enfant engage, pensant à lui et certainement à eux quand ils étaient encore enfants. Se sentir durablement responsable d'un être est en effet quelque chose qui peut faire peur devant l'ampleur et la durée de la tâche. Il est d'ailleurs amusant de relever que nous sommes une des rares espèces sur Terre à avoir une responsabilité aussi longue face aux petits qu'elle engendre. Il y a donc bien de quoi douter par avance de sa motivation et de ses potentielles capacités parentales.

Le doute a mué, il a même changé de camp. Il interroge à présent ce qui peut faire le poids face à un renoncement semblant plus cohérent. Il questionne le sentiment d'être à la hauteur face à un projet aussi fort. Il fait face à ce qui était l'évidence et donne le vertige aux jeunes gens à l'idée. D'autant qu'en attendant, ceux en âge de procréer cherchent un projet significatif là où le projet d'un enfant éclaire à lui seul une vie. Mal de crâne. Dilemme.

Une famille, le projet phare d'une vie

Le problème de la famille est qu'elle est inscrite dans un process global et qu'elle ne correspond pas à tous. Les crises actuelles auront permis de mettre le doigt là-dessus et de regarder ça de plus près. Un process unique, vu comme incontournable pour tracer sa vie sans trop se poser de questions et pour être considéré comme tout le monde. Sacro-sainte appartenance au groupe. Un process revenant aux femmes puisque ce sont elles qui portent et élèvent les enfants. Il fallait donc bien qu'elles endossent ce rôle puisqu'il n'y avait que leur utérus pour ce faire. Et ce, l'air de rien, jour après jour et de partout. Un conditionnement dès le berceau et appuyé ensuite jusqu'au moment de devenir mères.

Il est assez sidérant de constater qu'au cours des décennies 1960 et 1970 on demandait encore aux petites filles combien elles voulaient d'enfants plus tard. Pas aux petits garçons. Comme si c'était un passage obligé, sans plus de questionnement ni de réponse à donner. Un conditionnement tel que les femmes célibataires étaient stigmatisées dans des fêtes folkloriques, les filles-mères pointées du doigt dans les villages, et que les jeunes femmes enceintes dans de premiers rapports sexuels étaient conviées à se marier urgemment. Tout un conditionnement, y compris dans un passage de relais de mères à filles. Une orientation de gré ou de force finalement. Et que dire des contes de fées ayant endormi bien des enfants sur le « ils se marièrent et eurent beaucoup d'enfants » ? Ils ne sont plus beaucoup sur les étals des libraires, d'autres albums inclusifs les ont remplacés, jusqu'aux jeux de cartes des sept familles intégrant à présent les nouvelles réalités de la société humaine (parents solo, hétéro et homo, mixtes en termes de couleur de peau, de culture, de milieu social, d'âge, etc.).

Le paysage a grandement changé. Il n'empêche, il est probable que si l'on interrogeait les générations de tous âges, on retrouverait la famille comme projet phare de l'existence humaine dans un coin de nos têtes et sur le bout de nos langues. Surtout si la nôtre s'est comportée comme telle et qu'elle est encore présente dans nos vies. Le problème, c'est qu'au cours des décennies suivantes, la famille s'est délitée, séparée, recomposée, absentée, modernisée, désolidarisée.

Alors on compte moins sur elle, davantage sur soi, on l'envisage moins aussi.

Le souci, c'est qu'elle laisse un grand vide dans le schéma. D'autant que c'est elle qui était l'objectif et elle encore qui tenait souvent tout le schéma. Un grand vide à remplir par autre chose, d'autres actualités et d'autres objectifs. Le souci, c'est qu'elle contient des valeurs fortes, inhérentes à l'amour, l'engagement et le dépassement de soi. Le souci, c'est que nous manquons d'inspiration et que de nouvelles représentations n'ont pas encore remplacé l'ancienne (fonder sa propre famille). Et le gros souci, c'est qu'au milieu des questionnements légitimes, la famille n'est pas n'importe quel projet. Alors quel autre projet ? Et le temps d'en prendre conscience et de trouver des alternatives, que mettre à la place qui fasse sens et fasse le poids ? Autant de questions-choc venant interroger le sens profond à donner à notre existence sociale.

Les crises cumulées, une reconnexion à nos choix de vie

Au-delà des questions de genre, de sexualité et de vie, c'est donc le contenu de ce qu'on souhaite mettre dans nos existences qui est d'actualité. On dissèque alors le grand classique : vie pro et vie perso.

Il est un fait : les générations actuelles ont vu leurs parents et grands-parents s'épuiser au travail. Ils n'ont pas envie de suivre le même chemin. D'ailleurs les professionnels, toutes entreprises confondues, sentent bien que les dernières générations ne fonctionnent pas comme eux. Les jeunes veillent effectivement à négocier leur salaire et à donner du sens à ce qu'ils font. À défaut de quoi ils ne s'impliquent que peu et certainement pas dans la durée. Ils semblent ne pas souhaiter mettre toute leur énergie dans le monde du travail. Encore moins quand ils voient le nombre d'adultes actifs *burn-outés* et ceux trop vidés en fin de vie pour profiter d'une hypothétique retraite. Tout ça pour ça, pourraient-ils scander ! Ont-ils tort finalement ?

Aujourd'hui, la fatigue a changé de visage. La course à tout, à l'argent, à la performance, à la rentabilité, à la croissance, à la production, aux résultats, aux réponses à tout, amène les jeunes gens à un autre épuisement et une démotivation précoce. Certains s'élancent vaille que vaille quand d'autres observent, se mettent en retrait, hésitent, essaient puis se retirent, se mettent en arrêt ou au chômage pour réessayer parfois un peu plus loin. Cela amène finalement à la considération de la place du travail dans une vie. Au rythme d'un quotidien équilibré. À la mise en cohérence d'une vie pro et vie perso que les jeunes alternent par périodes, comme s'ils ne parvenaient pas à tout mener de front.

Mais au-delà du sens à donner au travail, les dernières générations ont bien saisi qu'il leur fallait gagner de l'argent pour prétendre avoir quelques choix et quelques libertés à exercer dans leur existence. Ils ont saisi précocement la place de l'argent dans la société humaine. Avec une économie instable et au rabais, et leur non-confiance faite aux banques. Avec le constat du surendettement des États tandis qu'on demande aux individus de savoir gérer leur budget et de régler leurs factures. Tandis que la majorité des pays du globe sont surendettés, dépendants de quelques autres détenant les cordons de la bourse mondiale parce qu'ils ont « l'or » (à savoir tout ce qui a de la valeur selon les époques et les contextes). Ou dépendants de quelques milliardaires toujours plus riches et détenant les clés des décisions mondiales parce qu'ils ont l'argent, nerf de toutes les crises actuelles.

Les jeunes gens de tous milieux confondus ont bien compris cela, alors ils réfléchissent aussi à la place à donner à l'argent dans leur vie. Ils pensent aussi à l'argent nécessaire pour réaliser leurs éventuels projets. Ils veillent à avoir de l'argent mais pas au point de n'avoir plus de vie et de faire un travail sans sens. J'avais été épatée par la vidéo de ces jeunes diplômés ayant fait de longues études dans de hautes écoles. Sur l'estrade de leur consécration, ils disaient renoncer à exercer leur métier, tant les enseignements reçus les avaient encouragés à faire de l'argent et exercer du pouvoir, et tant cela ne faisait aucun sens pour eux dans un monde allant mal. Quel courage et quelle leçon!

Le schéma unique retoqué

À bien y regarder, on constate que c'est l'ensemble du schéma unique qui est interpellé. Son tracé est comme saucissonné en autant d'enjeux qu'il s'agit d'appréhender un à un. Une assise dans la vie et avec quels moyens (formation, travail, sens du labeur, argent, équité des chances). La place faite à l'amour, à un autre et aux autres (rencontre, relation, engagement, réseaux). L'équilibre entre une vie professionnelle et une vie personnelle (temps de travail et temps à consacrer à une vie amoureuse, amicale et sociale). L'évolution de leur existence avec des projets à penser (professionnels, personnels, collectifs ou même humanistes). Le sens d'une vie avec ou sans la venue d'un enfant, donc avec ou sans famille à soi pour aller de l'avant et vieillir un jour.

C'est en dézoomant sur toutes les tensions en cours dans bien des registres sociétaux qu'on peut s'apercevoir que c'est le tracé entier du schéma unique qui est en train d'être redéfini. Il est redéfini avant probablement d'être redessiné.

La précision de ce tracé ne sera donc pas pour demain, étant donné que chacun redessine le sien et s'essaie à plusieurs traits avant.

Je trouve les générations concernées bien courageuses. Elles s'élancent en effet sans trop de repères sur de nouveaux chemins. Elles s'essaient à moins de carcans et plus de libertés. Cela est d'autant plus courageux que leurs aînés peinent à les comprendre et à les suivre, voire les taxent d'égoïstes. Cela est d'autant moins facile qu'elles sont même enviées devant autant de libertés acquises et de latitude prise. Je constate aussi que leurs parents et grands-parents finissent à force par se poser des questions sur leurs choix passés et actuels. Avec non plus une crise de la quarantaine ou de la cinquantaine mais de la soixantaine parfois. Un effet rebond de tous ces remaniements ? Sur le tard, certaines femmes de 60 ans disent qu'à bien y réfléchir, il n'est pas sûr qu'elles auraient fait des enfants si elles y avaient profondément réfléchi. Signe d'un automatisme méritant qu'on s'y attarde et qu'on se pose la question ? Signe qu'il ne faut pas trop réfléchir ? Signe en tout cas que la parentalité reste très centrale dans une vie.

La parentalité chahutée sur toute la ligne

On peut le constater d'un point de vue transgénérationnel. Avec des arrière-grands-mères n'ayant pas regretté en majorité une vie familiale qui faisait sens d'elle-même à ce moment-là. Avec des grands-mères sur le fil de l'ancien et de la modernité, en raison de nouveaux droits (voter, travailler, s'émanciper d'un mariage malheureux ou d'une grossesse non voulue), d'un nouveau confort (eau, électricité, lave-linge, couches jetables, lait en poudre et tire-lait) et de nouvelles libertés chèrement acquises (contraception, divorce, vie pro et perso). Avec des mères partagées entre les anciennes injonctions faites aux femmes et des places hommes/femmes et pères/mères renégociées. Et avec leurs filles clivées dans leur ressenti, en raison des multiples crises anxiogènes, de tous ces acquis ne pouvant se digérer que sur plusieurs générations, des nouvelles technologies révolutionnant notre communication humaine, et d'une société en bout de course. Avec des arrière-grands-pères et grands-pères, des pères et des fils eux aussi concernés mais dépassés pour l'instant par ce qui se passe pour le genre féminin et l'évolution des femmes. Les hommes arrivent tout doucement à la question de leur place aux côtés des femmes et des autres hommes. On devrait commencer à les entendre s'exprimer sous peu.

La parentalité s'est particulièrement transformée ces dernières décennies. On peut s'en apercevoir en pré-conceptuel relativement au désir d'enfant. Des patients consultent alors pour clarifier leur projet, amener des doutes, vérifier leur motivation, déposer une angoisse préalable. Les patients peuvent venir aussi pour aborder le sujet maintenant qu'il est d'actualité – parce qu'ils ont rencontré quelqu'un, parce qu'ils vivent en couple, parce qu'ils ont abordé le sujet ensemble avec réactions fortes à la clé ou parce que le projet est acté et que la contraception est arrêtée. Il est d'ailleurs joli de voir combien la contraception protège des angoisses. Concrètement, je peux avoir à consacrer plusieurs séances quant à l'arrêt de la contraception de certains couples avec des rapports sexuels devenus difficiles ou impossibles depuis, ou quant à la reprise d'une pilule avec un lâcher-prise revenant alors dans les partages charnels. La décision actée semble ainsi faire redoubler les doutes et la mentalisation sans fin chez ces patients.

J'ai de même pu m'apercevoir de bien des remaniements au stade de la grossesse. Avec un besoin de maîtriser cette période, ce que je ne voyais pas à ce point. Avec un besoin fort des femmes d'être soutenues dans la grossesse et plus tôt qu'auparavant. Avec une sexualité plus en difficulté pendant les 9 mois, là où elle semblait plus simple auparavant. Avec un ressenti de mal-être plus important que d'ordinaire, auquel participent grandement les réalités actuelles. Avec parfois des inquiétudes au point de ne pouvoir envisager de se projeter plus en avant. Au point de recourir à l'arrêt de cette grossesse et parfois même d'aller jusqu'à l'IVG. N'oublions pas que le chiffre pourtant très stable des IVG depuis son vote, a légèrement augmenté en 2021 et davantage en 2022. On est loin du *baby-boom* d'après-guerre, d'autant que nous ressentons tous que les conflits sont loin d'être derrière nous et d'autant que pour l'instant nous n'avons pas vraiment besoin de nous repeupler. Avec l'envie inverse de dilater l'aventure de la grossesse, les femmes se saisissant davantage d'accompagnements pour profiter de cette expérience, potentiellement parmi les plus fortes physiquement, psychiquement, existentiellement. J'ai enfin vu grandir l'appréhension chez les femmes de devoir accoucher et, dans un même temps, chez certaines, grandir l'envie de se dépasser dans cette expérience sollicitante. Une sorte de grand écart semble ainsi s'être étiré entre la recherche d'une prise en charge d'un côté et d'une autonomie de l'autre.

Toutes ces difficultés en amont peuvent être latentes, elles se manifestent souvent dans le *post-partum* des femmes. Après et pas toujours avant. Quand elles accusent le coup du marathon de la grossesse et de l'accouchement, quand leurs hormones font le yoyo, quand les couples se révèlent vulnérables avec les nuits courtes en post-natal et la perspective de reprendre le travail. Leurs difficultés se renforcent avec la géopolitique des familles dispersées. Il est assez fou, là encore, de constater les contrastes qui se creusent entre les couples semblant sur leur nuage et ceux plongeant dans le marasme. Aussi je trouve que les difficultés maternelles dépassent aujourd'hui les difficultés d'attachement qui ont toujours existé entre une mère et son enfant. C'est le cas quand une mère ne parvient pas à rencontrer émotionnellement son enfant, voire ne ressent toujours rien pour lui les semaines et les mois suivant sa naissance. Je n'oublierai jamais cette patiente rencontrée à la maternité où j'exerçais. Elle m'avait dit au lendemain de son accouchement qu'elle attendait que la mère de son bébé revienne. Elle était la mère, elle n'était pas folle et le bébé dormait profondément dans son berceau à côté. Le choc était trop grand et elle se sentait complètement à côté de sa vie à cet instant. Ces chemins prennent du temps et font bien des dégâts. Cela concerne les mères mais cela concerne les pères maintenant qu'ils s'approchent de leur féminin, qu'ils s'investissent dans la grossesse de leur femme, et qu'ils les accompagnent ainsi que leur bébé en salle de naissance. Ils peuvent eux aussi se retrouver en difficulté, en prise à une trop grande fatigue, à une confrontation de leurs libertés face à celles de leur partenaire, et avec un bébé au milieu du tableau. C'est parfois le cas dans les jours qui suivent le retour de toute la petite famille. Parfois, cela éclate au grand jour quelques mois ou années après, avec des enfants réactifs, ne faisant toujours pas leurs nuits ou à l'occasion d'une éducation permissive et agitée. Cela peut concerner bien sûr les co-parents, hommes ou femmes, ayant choisi le toit commun avant ou après la grossesse. Certains quittent même le navire familial, rechoisissant alors un chez soi devant le trop gros changement.

Je ne voyais pas tout cela il y a encore dix ans. C'est une réalité manifestant les nouveaux modes de vie des couples actuels, l'instabilité de notre planète et le manque de soutien familial et social autour d'eux. J'entends aussi leur souhait de ne plus se sacrifier dans une parentalité, comme ont pu le faire bien des femmes des générations précédentes.

La maternité sacrificielle déboulonnée

Il est un fait : il est davantage féminin et maternel de se sacrifier et de concéder. Il n'y a qu'à prendre cette expérience récente du yaourt, mise en place auprès de jeunes enfants. Le constat est sans appel. Les petits garçons à qui on demande comment était ce yaourt salé qu'ils ont mangé, répondent simplement « beurk ». Globalement les petites filles répondent qu'il était bon, imaginant être gentille et possiblement ne pas déplaire. Tout un héritage bien ancré et non conscient.

S'il est une injonction suprême faite aux femmes, c'est bien le maternel. Et s'il en est une faite aux mères, c'est bien d'en être une bonne. Une statue sanctifiée pendant des siècles. Une statue en voie d'être déboulonnée. Certainement l'effet de nos fameux réseaux sociaux, où l'info circule vite, où les blogs démontent les poncifs et où les confidences vont bon train. Certainement les conséquences de modèles de mères que des hordes d'enfants ont vues épuisées et se démener. Rien qui ne fasse trop envie. Trop douloureux pour leurs enfants, filles comme garçons, à présent devenus adultes et en âge de se poser la question d'être parents à leur tour.

Si c'est une réalité, elle apporte une confusion quant au sens profond du mot « sacrifier ». Sa racine étymologique est « rendre sacré » quand sa connotation va à « se nier ». Je m'explique : s'il est normal de se verser « un temps » vers l'enfant et de faire l'expérience de s'oublier au service d'un autre, cela n'implique pas de le faire à vie. Si le tout-petit dépend effectivement de sa mère plus que de son autre parent les premiers temps, cela ne signifie pas qu'elle doive se sacrifier seule, sans son conjoint, sans aide et *ad vitam aeternam*. Et c'est là que le bât blesse. Bien des études montrent en effet la disparité des charges familiales entre les conjoints. On ne se défait pas des stéréotypes de genre féminins mais aussi maternels comme ça, parce qu'une conscience est naissante et parce que des nouvelles lois sont passées ! Il est ainsi attendu des femmes de se charger de l'organisation familiale, et elles-mêmes y participent dans une sorte d'auto-injonction. Oui, il reste beaucoup à faire quant aux charges partagées, quant à la contraception, quant au quotidien, quant à l'enfant.

Je trouve intéressant que les jeunes femmes ne souhaitent plus être enfermées là-dedans. Et que le redoutant, elles ne tentent pas l'affaire. Il n'y a qu'à lire les sondages récents les concernant pour comprendre que c'est un fait qu'il faut considérer. Il a trait au genre maternel cette fois, en lien avec le genre féminin. L'image d'Épinal de la mère qui pouponne et éduque ses enfants ne fait plus rêver grand monde. Portées par la vague féministe de leurs révoltes et acquis, les femmes jeunes ne sont plus enthousiastes. Elles sont conscientes que leur accomplissement peut passer par ailleurs. Mais aussi qu'être mère n'est pas qu'un accomplissement. Selon les derniers sondages, il semble qu'elles sont trois fois plus à penser cela en vingt ans. Un réel changement de mentalités paraît en cours, même s'il reste une forte disparité de ressentis selon les valeurs éducatives, politiques et religieuses reçues et selon les contextes socio-économiques.

En résumé, plus les femmes se vivent écologistes (« j'ai mal à la Terre »), féministes (« j'ai mal au genre féminin ») et athées (sans conviction religieuse affirmée), plus elles s'écartent sans trop de difficultés du modèle unique et ancien de la maternité comme un passage obligé. La maternité n'est clairement plus un idéal pour les femmes des dernières générations.

La maternité des influenceuses

Il semblerait qu'à défaut de trouver des modèles inspirants profonds et durables, nous trouvions de nouveaux modèles. Ils sont au goût du jour, avec cet intérêt naissant pour la périnatalité, et au format actuel, c'est-à-dire les réseaux sociaux, les docu-réalités et les séries télévisuelles. Ils se consacrent à la vie des maternités (leurs accouchements et naissances, leurs joies, leurs peines et leurs difficultés) et à la maternité entre rêve et réalité. De premiers formats ont vu le jour sur la maternité des femmes. Un premier a opté pour des illustrations de couples et de familles d'aujourd'hui. Avec des couples classiques ou mixtes, des femmes au foyer, travaillant ou parfois célibataires, et des familles ayant des enfants en bas âge, des triplés, ou un petit malade ou handicapé. Tout ce qu'il faut pour s'identifier, mais aussi pour pimenter l'ordinaire et relativiser ses propres problèmes de téléspectateur. Devant l'audience rencontrée, une chaîne concurrente a flairé le filon. Elle a opté pour le même thème mais en choisissant cette fois des femmes issues de la téléréalité, toutes devenues ensuite influenceuses et donc mères depuis. Il est ainsi possible de suivre leur quotidien professionnel dans l'évènementiel, l'intimité dorée de leur maison, leur conjugalité avec ou sans rebondissements. Et donc leur vécu de la maternité avec ses jours sans. Un quotidien qui fait plus décoller l'imaginaire que celui de la première info-réalité.

On assiste ainsi, pour la première série, à l'identification des spectatrices avec des femmes qui leur ressemblent et sont proches de leurs propres préoccupations et réalités. Et avec la deuxième série, on assiste à un format permettant aux jeunes générations de s'imaginer mères, de rêver un peu une vie morose. Elles peuvent vivre par procuration les vies pailletées de personnes connues, sur lesquelles il est tout aussi possible de fantasmer que de projeter les épreuves de toute famille. Car les mamans célèbres rencontrent aussi des problèmes de couple ou au quotidien, même si chez certaines cela relève davantage d'une noyade dans un verre d'eau. Ces séries engagent des enfants sous le feu de la rampe selon les options de leurs parents, bien au fait que des images avec leur progéniture sont toujours plus « likées ». L'ensemble de ces séries illustrent magnifiquement toutes les ambivalences de notre monde actuel, les conceptions conjugales et familiales qui ont cours, et néanmoins la difficulté maternelle qui reste plus que jamais d'actualité. Mais au-delà de ce qu'elles s'évertuent de faire paraître de leur bonheur, toutes ces influenceuses qu'on peut retrouver sur les réseaux sociaux au milieu d'autres, semblent en difficulté pour répondre aux besoins de leur bébé et aux leurs. Ils sont certainement faussés par leur rapport à la téléréalité depuis des années.

Nouvelles procréations, nouvelles parentalités aussi

Outre cette parentalité virtualisée, d'autres ont vu le jour ces dernières années. Moins visualisées mais tout aussi présentes. Sans surpasser la parentalité dite classique, elles ont le mérite d'exister et de raconter des réalités qui changent également la donne.

Il s'agit des familles monoparentales. Ces maternités monoparentales sont souvent tardives, faute d'avoir rencontré à temps le bon partenaire, à la suite d'une rupture amoureuse en cours de grossesse ou peu après, faute de contraception et de désaccord de projet, ou encore de ne pas avoir informé un partenaire de l'état de grossesse. Ou après un long parcours obstétrical ayant fini par éclater le couple mais avec un partenaire n'ayant pas le cœur de laisser l'autre sur le carreau au moment où l'adoption est sur le point d'aboutir.

Il est question des familles décomposées puis recomposées, l'un ou les deux ayant déjà un ou des enfants. Les concernés sont diversement contrariés de cette réalité ou ravis de l'opportunité de goûter à une vie de famille sans en avoir la responsabilité. Un peu comme une parentalité par procuration. Ce qui était plus rare paraît être devenu une réalité courante. Au point de voir des films sortir sur le sujet, preuve d'un intérêt sociétal. Il arrive aussi à ces familles reconstituées d'aspirer à accueillir un enfant de leur union. Un enfant appelé « trait d'union », sa place n'étant pas toujours facile, vu que lui a la chance d'avoir ses deux parents ensemble contrairement à sa fratrie issue de parents séparés.

Il y a aussi des familles fruit de l'AMP (aide à la procréation assistée). Ces parentalités précieuses sont souvent singulières et parfois complexes. Plus encore quand il y a eu un don de gamètes, donc un donneur ou/et une donneuse auxquels il convient d'attribuer une place dans le parcours et dans le psychisme de chacun des protagonistes. Rarement simple. La situation est plus complexe encore quand il y aura eu une GPA, avec une femme ayant porté l'enfant neuf mois et une mère l'attendant sans avoir vécu l'expérience de la grossesse de son enfant. Avec un père qui, ne portant jamais l'enfant, l'aura attendu au même titre que sa femme, mais avec un éprouvé différent. Avec des couples de femmes passant par la PMA ou la GPA, là où les couples d'hommes passent officiellement par la GPA ou officieusement par l'artisanat de rencontres faites dans la vie ou sur le Net. Et avec, pour couronner le tout, un métier d'enquêteur spécialisé dans les recherches familiales en passe de laisser la place à une banque américaine de données génétiques internationales sur laquelle on peut chercher et trouver des ancêtres. Tout un paysage procréatif qui n'existait pas il y a un siècle. Il modifie le paysage de la parentalité avec une extrême complexité. Je souhaite d'ailleurs bon courage aux tribunaux administratifs qui auront à traiter à l'avenir d'autant de complexité familiale.

Un manque de soutien à la parentalité

Qui dit nouvelles procréations, dit nouvelles parentalités, nouvelles familles. Qui dit nouveaux modèles de famille, dit alors nouveaux équilibres à trouver. Car si ces familles peuvent établir en leur sein un bel équilibre, il ne leur est pas toujours simple d'en faire autant en société. Cela introduit toujours à un stade une certaine vulnérabilité. Cela attire l'attention et attise la curiosité comme la stigmatisation. Par le passé, c'était par exemple le cas des enfants de parents divorcés à l'école quand ils étaient alors mis à la marge. Ce n'est plus le cas depuis que l'exception est devenue une tendance bien ancrée dans les réalités actuelles.

La vulnérabilité est déjà là avec l'arrivée d'un enfant. Le passage de un à deux, de deux à trois ou plus, génère effectivement un déséquilibre momentané avec l'ajout d'un élément. Il faut alors retrouver un équilibre ensemble. Cette transition peut prendre un certain temps. Ce ne sera toutefois pas le même équilibre qu'avant, chaque élément occupant une nouvelle place. L'arrivée d'un enfant apporte aussi une autre transition pour le couple, le faisant passer de couple femme-homme à couple mère-père. Transition délicate selon les partages du couple, l'attachement que l'on porte à l'autre et la communication que l'on aura eue sur la parentalité. Le couple d'avant et le couple d'après sont des motifs d'inquiétude qui font consulter. L'espace occupé par l'enfant et l'attachement voire la dévotion de sa mère sont aussi des motifs de consultation, chacun cherchant sa place et ne la trouvant pas toujours. Les places trouvées sont fonction de celles que l'on cherche et que l'autre accepte. Il y aurait beaucoup à dire sur ce territoire du féminin maternel.

Il va sans dire que les crises actuelles amènent une précarité financière qui en rajoute à la précarité psycho-émotionnelle. Tout un socle pourtant important pour stabiliser un tel changement. Je constate des transitions durant plus longtemps, des équilibres plus précaires et davantage de difficultés à la clé.

La réalité des difficultés maternelles a toujours existé. Elles n'ont jamais eu bonne presse mais je constate que le tabou se lève, toujours du fait des réseaux sociaux et de l'information circulant désormais. Toutefois il reste beaucoup de confusion. Avec notamment une assimilation du *baby blues* à la dépression du *post-partum*. Elles ne sont pourtant pas l'expression d'un semblable mal-être. Avec des noms variant et faisant plus ou moins peur : difficultés, épuisements, *burn-out* et dépressions. Avec des fatigues normales et d'autres pathologiques relevant davantage de l'épuisement à ce stade. Avec des dépressions de mères et de pères. Et avec un grand sac fourre-tout pour y mettre tout cela.

Cela raconte avant tout un manque de sécurité interne et environnante, elle-même due à un contexte global, on l'a largement répété. Un peu plus loin, cela raconte le délitement des couples de parents les premières années. Ils n'auront pas tenu et seront allés au-delà de leurs limites personnelles et amoureuses. Ils n'auront pas supporté les contraintes imposées par la venue d'un enfant, ni toujours trouvé un terrain commun d'éducation. L'expression d'une parentalité qui ne consent plus guère à des sacrifices et d'une société qui n'y prête guère d'attention. L'expression de parents en perte de socle pour eux-mêmes. En plus grande difficulté pour transmettre ce socle à leur tour le moment venu ? Ils avaient intégré peu de solidité quand la société a tant mué, que les femmes ont eu besoin de s'accomplir socialement et que les moyens de transport ont permis à tous plus de déplacements mais aussi plus d'éloignements des couples et des familles. Le cas aussi pour les enfants actuels au moment de grandir et d'aller vers leur vie et leur projet ? Aucun jugement là-dedans, juste une observation. Cela évoque le constat universel du besoin d'une société suffisamment sécurisante auprès d'un couple de parents, le ou la partenaire assurant un territoire stable et sécure pour la mère tandis qu'elle met au monde leur enfant. Tout bougeant, c'est la place du masculin et du paternel qui est en jeu. C'est une place ouverte au champ des possibles. Elle est socialement questionnée et certainement attendue.

Une paternité à inventer

On a vu dernièrement les hommes monter au créneau, il était temps et cela semble le bon *timing*. Historiquement, cela a vraiment commencé pour eux avec leur revendication à entrer en salle d'accouchement auprès de leur femme et leur enfant. Et pas seulement pour le folklore de couper un cordon ombilical symboliquement. À noter que depuis ces dernières décennies, les hommes semblent s'investir toujours plus tôt auprès de leur partenaire, prenant rendez-vous pour les consultations en périnatalité du couple et assistant au rendez-vous de PMA comme aux cours de préparation à l'accouchement et à la naissance. Plus récemment, les hommes ont investi la paternité du quotidien, aspirant à être davantage qu'une figure d'autorité, de force ou de sécurité matérielle. Certains ont même souhaité rester à la maison avec les enfants, tandis qu'ils encourageaient leur femme désireuse de travailler. On les a appelés en leur temps « les nouveaux pères ». Cela a continué avec ces hommes ne souhaitant pas renoncer à leur paternité alors qu'un divorce était prononcé. Ils aspiraient à n'être pas que des pères à temps très partiel (grandes vacances et un week-end sur deux), surtout quand ils s'étaient largement impliqués dans la vie de famille. Cette paternité à inventer s'exprime aujourd'hui chez les hommes investissant plus précocement la grossesse d'une femme, ne souhaitant plus être ces bricoleurs du dernier trimestre. Et elle semble s'exprimer de manière plus pointue chez ces hommes assumant une paternité non désirée avec une ex-partenaire ou une partenaire ponctuelle. Ceux-là mettent certes du temps à entrer dans cette paternité imposée par les circonstances mais je constate qu'ils finissent par l'incarner. Je crois qu'il serait temps que nous sortions du stéréotype des hommes désertant leur paternité. Car ce n'est pas ce que je vois majoritairement dans la clinique de mes entretiens. Et même si tout un panel de pères mais aussi de mères démissionnaires continue d'exister.

Nous assistons aujourd'hui à pléthore de nouvelles formes de paternité, dont les couples d'hommes. Ceux-là ont trouvé bien injuste qu'on ne leur octroie pas le droit à la PMA. Ils ont eu raison de mettre cela sur la table des discussions. Nos positions ne sont effectivement pas toujours cohérentes suivant le point de vue avec lequel on les considère. La société a d'ailleurs constaté que ces hommes pouvaient évidemment être de bons éducateurs, des pères aimants, des conjoints présents. Il a même fallu quelques enquêtes et reportages pour nous en assurer.

Les hommes gay et hétéro se sont souvent joints aux femmes quand elles ont manifesté dans la rue, exhortant au respect de leur consentement ou à ce qu'on leur lâche l'utérus. Ils ont pleinement assumé d'être dans les rangs des manifestations aux côtés des « colleuses » (collectif de femmes dénonçant la violence conjugale à renforts de phrases-choc sur nos trajets routiers), des lesbiennes, de leurs propres filles ou de leurs femmes. Ce qui, soit dit en passant, relève d'un féminisme apolitique et somme toute universel. Ils ont aussi attendu que celles-ci les soutiennent quand il s'est agi d'aller revendiquer d'allonger la durée de leur congé paternité. Ce qui a été voté et leur est désormais accordé.

La paternité est un aussi vaste sujet que la maternité. Il est à définir et à préciser à l'heure où le genre est questionné si profondément. Ça tombe bien, la maternité est en cours de redéfinition. Reste aux femmes à céder ce terrain qui leur reste cher : celui de l'intime. Pas aussi simple qu'on veut le penser. Mais peut-être qu'en conscience de tous ces enjeux, cela se fera plutôt tranquillement. Les hommes auront peut-être à accélérer leur cadence de réflexion, à penser rapidement au comment être paternels et à leur propre choix de vie. Cela se fera possiblement en même temps. Sans doute même naturellement puisque les courbes de leur libido et de leur fertilité s'inclinent chez eux aussi !

L'heure est au tâtonnement et parfois aux regrets

L'heure est aux essais, aux nouveaux repères et aux nouveaux modèles. À moins que de modèles il n'y ait plus, chacun s'acheminant à être l'auteur de son existence et à lui donner sa propre forme. L'heure est à de nouvelles injonctions : s'accomplir, être libre et être heureux si possible. La suite de notre réflexion sociétale va certainement aller dans ce sens. En attendant, le temps passe pour les générations en âge de procréer. C'est probablement une époque passionnante pour ceux qui aiment les défis, mais il est bien possible que les plus frileux se sentent sacrifiés sur l'autel du changement. L'heure est déjà à des regrets exprimés.

Le regret de ne pas pouvoir être parent. Celui-là est connu. La clinique de l'infertilité et du deuil périnatal nous apprend que ce manque, lancinant et tenace, est parfois abyssal. La clinique du report (on verra bien plus tard) le raconte aussi, avec ces femmes ayant congelé leurs ovocytes pour quand elles seraient prêtes, sans que leur projet ne se concrétise finalement. La clinique de la non-opportunité s'ajoute à cela avec ces femmes et ces hommes n'ayant pas rencontré le parent de leurs enfants, ou bien trop tôt ou bien trop tard. Question de bon partenaire et de bon *timing* à la fois ou de rencontre tout simplement. S'ils ne peuvent savoir si leur vie parentale aurait été radieuse, ils baignent en tout cas dans des regrets éternels et souvent très douloureux.

Ce regret de n'être pas parent s'est développé ces dernières décennies. Il se ramifie de bien des nuances. Il s'est même densifié ces derniers temps. Il a fait l'objet d'un livre paru récemment, dans lequel l'auteure s'adresse directement à l'enfant qu'elle n'a pas eu. Simplement bouleversant et sincère. En son temps, un compositeur français avait chanté sa douleur du frère qu'il n'avait jamais eu. Un succès à l'époque. Des maux pudiques longtemps tus et sur lesquels un voile semble se lever.

Le regret d'être parent est non moins douloureux, pensant aux parents, pensant surtout aux enfants qui grandissent dans ce contexte. Il monte en puissance. S'il a toujours existé, il n'était juste pas nommé. Toujours la sacro-sainte « bonne mère » rodant et veillant au tabou. Ce regret est beaucoup relié aujourd'hui aux libertés durement et récemment conquises par les femmes et à la réalité de contraintes durables avec un ou des enfants. Ce qui change aussi, c'est que les femmes prennent la parole plus facilement, du fait des réseaux sociaux et au nom d'un partage avec les autres femmes. Un livre est d'ailleurs paru à ce sujet avec un titre percutant : *Le regret d'être mère*. Cela reste un sujet sensible et il est somme toute courageux d'oser dire ce vécu. Les pères ne sont toutefois pas en reste. Le tabou est moins grand pour eux, la statue du « bon père » étant moins imposante. Ces dix dernières années, j'ai pu entendre des pères de tous âges prononcer ce mot « regret » et raconter leur vécu. Ce sont souvent des pères d'enfants en bas âge. Des pères désabusés par une expérience qu'ils imaginaient épanouissante et qui ne l'est pas pour eux, des hommes tendus par la perte de certaines de leurs libertés individuelles et amoureuses, voire égarés dans une éducation dite positive ou non violente dont ils apprécient pourtant les valeurs. Il s'agit parfois d'hommes devenus pères après un long parcours de PMA, épuisés par ces années de quête et désillusionnés par la vie de famille.

« Tout ça pour ça. » Ce qui est notoire, c'est que le regret concerne le plus souvent la déception du projet de parentalité, pas les sentiments qu'ils ont pour leurs enfants. Chacun s'était projeté, avait rêvé de ce bonheur et semblait avoir chuté de haut au moment de se retrouver dans la réalité.

Par le passé, le regret d'être parent était surtout subi par les femmes enceintes qui n'avaient pas grand choix quand les hommes prenaient la tangente. Cela reste vrai mais la tendance inverse émerge. Avec des femmes n'informant pas l'homme avec lequel elles ont eu un ou des rapports sexuels et duquel elles se retrouvent enceintes, volontairement ou involontairement. Avec des femmes au pied du mur de leur temps procréatif et jouant sur la prise d'une contraception. J'accompagne ainsi des hommes devant le fait accompli d'une mère pour laquelle cette grossesse est celle de la dernière chance. J'accompagne des hommes sachant qu'un enfant d'eux est dans la nature ou le découvrant à l'occasion d'une demande de reconnaissance en paternité. Je commence à entendre des hommes s'inquiéter d'avoir fait un don de sperme un jour ou se réjouir que la loi favorise l'accès à leurs origines d'enfants nés de don depuis peu. Ce n'était pourtant pas le *deal* au moment où ils avaient fait ce don.

Il est temps de ne plus opposer les mères et les pères dans toutes ces réalités, chacun ayant sa propre conscience, sa réalité et son point de vue. Tenter de les comprendre tous, ce n'est pas les monter les uns contre les autres. C'est dépasser le rapport de force pour entendre le point de vue souvent respectable de chacun. C'est prendre alors le risque de se mettre un instant dans les chaussures de l'un puis dans celles de l'autre l'instant d'après. C'est ce que je tente de proposer dans mes rencontres avec ceux concernés par ce type de situations. C’est aussi entendre une différence de genre notable et qui change beaucoup de choses : l’horloge biologique des femmes. C’est une donne importante dans le paysage procréatif, pour ne pas dire « la donne », celle qui différencie grandement femmes et hommes sur le projet.

Une date butoir pour les femmes

Je me souviens de cette femme de 38 ans ayant eu un rapport charnel avec l’homme venant de la quitter. Elle m’appelait quelques semaines plus tard après le diagnostic d’une grossesse. Gros dilemme pour cette femme sincère : faire l’IVG que cet homme lui demandait sans ménagement ou garder cette grossesse, possiblement la dernière de son existence. Sa chance ultime, comme elle le disait. Mesurant cela, elle était déchirée dans ses valeurs de respect de soi et de l’autre, de famille et de l’accueil d’un enfant dans ces conditions. Finalement elle pensait presque plus à tous les autres avant elle-même. Jusqu’au bout du délai d’IVG elle aura questionné ces valeurs et le droit à la décision lui revenant finalement. Pas facile de se tenir devant une aussi profonde responsabilité. Ce que ne manquait pas de lui rappeler son ex-compagnon à renfort de culpabilisation et de victimisation. Son ressenti était bien sûr légitime puisque lui était devant le fait accompli d’une paternité non voulue, passant la responsabilité conjointe de deux partenaires sexuels. Cette femme a finalement décidé de mener cette grossesse seule et de ne rien demander à cet homme qu’elle a tenu informé avec discrétion de l’évolution. Il est aujourd’hui un père aimant et présent. C’est un homme en couple avec une nouvelle compagne. Cela est leur histoire, toutes ne racontent pas des choses semblables. C’est pourquoi nul n’a raison ou tort. Dans toutes ces circonstances profondément sensibles, il est juste possible de décider en son âme et conscience à l'instant *t*.

Dans nos vies d'hommes et de femmes, nous ne sommes pas égaux quant au *timing* pour décider d'être parents ou non. Si le début de notre fécondité est semblable – à la puberté –, sa fin n'est pas la même. En effet, les hommes peuvent imaginer procréer jusqu'à quasiment la fin de leur existence. Les femmes ont quant à elles une date butoir appelée « ménopause ». En résumé, si les hommes peuvent être pères approximativement de 15 à 85 ans, les femmes le peuvent environ de 15 à 45 ans. C'est pourquoi la médecine se charge de leur dire qu'à partir de 35 ans leur fécondité décline, et que c'est bien qu'elles y pensent avant, du moins si elles souhaitent être mères. Une quarantaine d'années de différence pour décider, cela ne fait pas le même *timing* pour faire le choix de l'être ou ne pas l'être. Le temps où l'on commence à y songer plus sérieusement réduit la réflexion à une petite dizaine d'années. Le *timing* du bon moment et du bon partenaire réduit encore la fenêtre sensible. Et la réalité d'une infertilité croissante dont chaque femme a au moins un exemple dans son entourage, rend la chose encore plus pressante. Ce qui fait que cela ne s'inscrit plus dans le déroulé d'une existence, mais dans un compte à rebours.

J'ai pu être marquée par cette jeune femme décidée et sensible d'une trentaine d'années qui me parlait beaucoup de ses hésitations et de ses choix de vie. Elle venait me rencontrer car elle s'était mise à faire un savant calcul. Elle décomptait que si elle devait tenter d'être mère avant 40 ans, il fallait qu'elle rencontre quelqu'un avant, et qu'ils aient ensuite le temps de faire connaissance, d'asseoir une vie de couple avec des valeurs partagées puis d'essayer de concevoir un enfant.

Ce qui revenait à avoir la date à laquelle elle devait être très attentive à rencontrer quelqu'un, elle qui se voulait libre et ne savait pas si elle souhaitait vraiment des enfants. Date qui était approximativement celle à laquelle elle a commencé à consulter. Une illustration de l'hypermentalisation de cette question qui ne fait donc plus beaucoup rêver. Illustration parmi tellement d'autres de cette pression faite aux femmes en âge de procréer. Elles sont confrontées à bien des forces, pas toutes conscientes.

D'autres forces qui confrontent au désir d'enfant

Si l'horloge biologique est une force qui interpelle fortement les femmes sur la question de devenir mères ou pas, elle n'est pas la seule force qui les confronte. Il y a avant toute chose la force de vie. Celle qui nous a poussés à naître, grandir et évoluer. Celle qui nous traverse dans le désir charnel et aussi procréatif. Celle qui trouve sa nature dans le fait que nous mourrons tous un jour. La force du vivant, en somme. On peut la visualiser avec le brin d'herbe qui pousse dans le bitume. Car, vaille que vaille, la vie renaît et avance dès qu'elle en a l'occasion et où elle le peut. Aussi, on comprend l'évidence menant à procréer et justifiant la vie d'un être.

Cette force biologique inlassable est contenue dans chacune de nos petites cellules depuis nos débuts dans la matière. Elle nous pousse à nous accomplir ou à accomplir quelque chose. Elle nous invite à tracer notre sillon, voire à laisser une trace de notre passage ici-bas. Je pense à présent à cette femme d'une quarantaine d'années. Elle n'était toujours pas sûre de vouloir un enfant. En plus, elle n'était pas certaine de le vouloir avec l'homme qui était dans sa vie et qui, lui, le souhaitait. Il faut dire qu'elle rêvait encore en secret à son ex-compagnon qu'elle voyait comme un bon père potentiel. Femme indépendante et très fine dans sa réflexion, elle n'entrevoyait plus vraiment de projets. Elle avait accompli déjà pas mal de choses et se demandait si ce vide actuel était le signe d'une dépression ou d'un manque de direction. Elle ajoutait que certaines de ses amies avaient eu des enfants et qu'une était devenue récemment grand-mère. Elle relevait qu'être mère et grand-mère donnait un sens à leur vie et l'énergie d'aller de l'avant. Même si elle concédait que ce n'était pas une raison suffisante pour accueillir un enfant.

Au-delà de cette indétrônable force de vie, il y a toutes celles liées à la vie de l'humain et à la société qui est la sienne. Elles sont reliées à des injonctions bien ancrées en nous mais pas toujours conscientes. Avec le désir de transmettre quelque chose de soi : la vie, des valeurs, une réparation, une raison existentielle, par exemple. Avec l'envie de pérenniser quelque chose du couple : un mini-nous fruit de notre amour, la concrétisation du couple, la suite logique de l'existence, la solution pour faire tenir le duo et éviter que l'autre ne parte, etc. Avec le souhait de passer quelque chose au nom de la famille : un patrimoine, une éducation, une fratrie pour son enfant, des petits-enfants à ses propres parents, le désir d'un garçon parce que déjà une fille, entre autres. Avec le besoin de répondre à des réalités de la société : être en couple, avoir des enfants et encore plus pour une femme, faire comme tout le monde, suivre le mouvement des couples d'amis s'étant unis par le mariage et imaginer des enfants qui joueront tous ensemble. Avec l'appel aussi des nécessités de la Terre qui nous accueille et que l'on sent de respecter davantage.

Selon les époques, les humains et les enjeux, toutes ces couches s'expriment plus fortement, avec des tendances plus nettes que d'autres. Résultat : le désir d'enfant semble prendre, à mesure de l'évolution des humains, toujours plus d'expressions singulières. Pas si primaire que cela, l'expression de cet instinct premier chez l'humain !

Toutes ces forces concernent aussi les hommes avec leurs propres variantes. Il me vient ce couple d'hommes ayant bravé tous les combats pour faire valoir leur existence et du respect. Ils avaient été de toutes les luttes de la société moderne et parmi les premiers à se marier en France. Ils avaient au fond le souhait de donner des petits-enfants à leurs parents – « déjà qu'ils leur avaient causé bien des soucis » – et d'affirmer leur droit d'à présent fonder une famille « comme les autres ». Nous sommes ainsi tous pétris de ces strates du désir d'enfant (soi, couple, famille, société et planète). Elles sont diversement présentes en nous en fonction de qui nous sommes, de notre éducation et de notre histoire. Ce sont autant de strates qui agissent sur notre envie plus ou moins forte de transmettre la vie à notre tour. Elles sont gravées sur notre disque dur interne, de la plus inconsciente à la plus consciente. Avec donc une conscience plus ou moins éclairée, selon qui nous sommes, où nous sommes nés, dans quelle société et à quelle époque. Et selon comment nous réagissons aux secousses de notre société et des crises actuelles.

L'imprévisibilité de l'amour

Enfin, parmi les forces qui confrontent au désir d'enfant, celle surpassant les autres : l'amour ! Exerçant à Annecy, j'ai la chance d'être confrontée à un joli panel de nous autres, les humains : des montagnards, des citadins, des gens simples ainsi que des internationaux, puisque Genève n'est pas très loin et que bon nombre travaillent là-bas. J'accueille aussi en visio bon nombre de patients de France et à l'étranger, plus ou moins affairés. Force est alors de constater que l'amour bouleverse les plans de ceux qui ne l'avaient pas vu venir. S'ils n'avaient pas programmé de devenir parents, il aura suffi souvent d'une rencontre pour que ce projet se concrétise. Une rencontre imprévue apporte en effet parfois une révélation: «J'ai vu en lui le père/j'ai vu en elle la mère... de mes enfants.» Parfois l'autre donne cette force qui manquait, faute d'élan, car «à deux cela fait sens». Parfois l'un est moins chaud que l'autre à l'idée, mais il se sent de faire le cadeau de ce qui tient tant à cœur à l'être aimé: «Parce que c'est elle... parce que c'est lui.» Une évidence sans miel, même si d'autres ont l'évidence contraire. Et même si certains y vont à l'ancienne avec le plein de miel et l'amertume un peu plus loin. Ce projet n'est certes pas pour tous, mais il contient cette donne et ce défi qu'on ne peut renier: l'amour de l'autre dont c'est parfois le projet, l'amour d'un autre, l'enfant – un inconnu avant tout – et l'amour partagé entre tous à renfort de souvenirs. Tout ce process de dépassement de soi et de degrés d'amour à acquérir.

La parentalité relève finalement d'enjeux colossaux et de forces qui vont avec. Il nous revient de les entendre et de les respecter pour mieux comprendre les réactions de chacun de nous, depuis le désir d'enfant jusqu'à son expression individuelle. Ces réactions sont effectivement très variables et contiennent bien des alternatives pouvant aller jusqu'aux deux polarités les plus inverses: ne pas vouloir du tout d'enfant et en vouloir à tout prix. Et il y a l'entre-deux avec ses doutes et ses allers retours. Il n'empêche, soit nous laissons la vie décider pour nous, soit nous décidons de poser des actes conformes à nos intuitions profondes.

La part de décision qui nous revient

Désormais tout semble urgent : s'occuper de la planète et du climat, trouver une nouvelle orientation à sa vie et décider si oui ou non cela passera par constituer un couple et une famille. C'est comme si toutes ces trajectoires étaient à choisir maintenant puisque toutes ces causes paraissent aller ensemble. S'ajoute à cela un double mouvement : celui d'une horloge biologique que les femmes actuelles ont plutôt en tête et celui d'une science qui nous donne l'impression que nous avons le luxe de pouvoir attendre. Nous avions déjà tendance depuis quelques décennies à repousser le projet parental, avec une date du premier enfant qui en 50 ans a été repoussé de plus de 10 ans. Les grossesses sont logiquement devenues plus tardives puisque les femmes et les couples ont pu choisir le moment le plus propice pour aller vers la parentalité. Avec une propension à profiter du couple et s'accomplir dans un travail, avant d'être précipité dans une vie de famille.

En parallèle, la PMA est montée en puissance, nous laissant penser qu'en cas de difficultés ou d'avis changeant, elle nous aiderait à concevoir un enfant. Tout cela a insinué que nous avions le temps de réfléchir et que nous pouvions remettre le projet à plus tard. Et que si, à l'avenir, nous en avions toujours l'envie, la force et les moyens, nous pourrions toujours nous rendre à l'étranger pour conserver nos gamètes sexuels au cas où nous changerions d'avis. Le problème est que l'existence de ces plans B pour la fertilité a fini par laisser bon nombre de femmes au pied du mur avec le sentiment d'avoir raté le coche. Force est alors de constater que plus la science procréative avance, plus la temporalité du désir d'enfant est altérée. Cela dénote de l'illusion que nous avons de tout contrôler alors qu'il n'en est rien. Je pense là à cette jeune femme venue au centre de planification pour un saut de contraception et une grossesse clairement non voulue. Deux jours avant la date programmée de l'IVG en milieu hospitalier, elle fait une fausse couche et perd la grossesse. Contrairement à certaines femmes qui ont pu en être soulagées, elle était complètement déboussolée. Elle mesurait que, non seulement elle ne contrôlait pas sa contraception, pas non plus son état de grossesse, mais qu'en plus elle ne contrôlait pas ses décisions.

En fait, on ne nous apprend pas qu'on peut participer à la vie mais qu'on ne la maîtrise pas. On ne nous passe pas le message qu'en matière de vie, de mort, d'amour, de santé et de procréation, on ne maîtrise pas tout. Loin de là. On peut en effet aspirer à être parents et ne pas y arriver, avec ou sans explication médicale, avec ou sans aide médicale. Et on peut ne pas y aspirer, prendre des décisions en ce sens et l'être quand même. C'est l'histoire cette fois d'une jeune femme s'étant retrouvée enceinte sans désir de grossesse, qui plus est d'un homme qu'elle ne voulait assurément pas comme compagnon, ni père de ses enfants potentiels. Elle a donc recouru à une IVG médicamenteuse. Lors de la visite de contrôle, quelques jours plus tard, on l'a informée qu'elle était toujours enceinte. Au regard du délai dépassé, il lui fallait cette fois aller à l'étranger. Elle a entendu cette réalité tel un clin d'œil de la vie et a choisi de poursuivre cette grossesse. C'était sa lecture de la réalité. Mais force est de constater que c'est la vie qui répond quand on appelle un enfant de nos vœux, elle qui nous confronte dans nos moments de doute et nos choix, et toujours elle qui a le dernier mot même quand il y a assistance à la procréation. Pourtant, on ne nous apprend pas ça. Peut-être le pourrait-on dès le plus jeune âge, pour éviter ces illusions et ces désillusions, ces maux de mères et de pères.

Quand l'envie d'être parents l'emporte

Une chose est sûre, si vous avez lu tout cela et que votre désir est toujours là, c'est qu'il est possiblement le plus fort. La confrontation à un tel examen de conscience est en effet bien réelle à la lecture de ces trois chapitres. On sait le pesant de son désir quand on le met dans la balance en face de ce qui pourrait s'y opposer. La balance nous dit alors le résultat, plus que les tableaux avec la colonne des pour et celle des contre. Pour une question aussi forte, il faut le ressentir et non pas seulement le penser. Peut-être aussi qu'au vu de la réponse vous pourrez m'en vouloir, c'est un risque et je l'assume. Peut-être même que vous doutez encore plus, alors que vous pensiez être au clair avec votre réponse. C'est aussi une possibilité que je considère en écrivant tout cela. Mais sachez que ce risque n'est que provisoire, car si votre envie est forte, elle reviendra sans doute à la faveur de circonstances.

Je souhaite juste avoir participé à une clairvoyance dans un projet phare, que je sais très brouillé par les temps qui courent. En aucun cas, je ne souhaite par mes mots influencer une décision aussi personnelle relevant de l'intime, que ce soit d'aller ou de ne pas aller vers le projet d'être parents. J'ai toujours tenté d'entendre dans les mots et entre les lignes ce que les êtres me racontent au profond d'eux. Je m'en fais juste le miroir, mon travail consistant en premier lieu à aider chacun à démêler les automatismes et détricoter les injonctions d'avec ses envies profondes. Il consiste ensuite à m'en faire l'écho, ce qui n'est pas une mince responsabilité. Elle me tient donc à cœur, mes patients le savent. Je ne cherche ainsi surtout pas à faire basculer un plateau ou l'autre de la balance. J'y mets la plus grande exigence, que ce soit pour la question des interruptions de grossesse ou pour celle du désir d'enfant et de la poursuite d'une grossesse.

Vous l'aurez compris à ce stade de votre lecture : la question d'être parents, c'est généralement un tas de questions sans bonnes réponses. Seuls ceux qui auront l'évidence du oui ou du non à cette question seront dorénavant un peu tranquilles avec leur conscience. Les autres, la majorité, pourront se poser la question *ad vitam aeternam*, on l'a vu. Il leur faudra couper leur radio interne dans les moments de doute, car ils ne sauront jamais ce qu'aurait donné l'alternative, celle qu'ils n'ont pas choisie. Ça, c'est l'histoire de la Vie et des « et si, et si, et si ». Ils pourront continuer de se demander mais ils ne feront que tourner en boucle encore longtemps après. Ce qui ne s'appelle pas alors une vie, puisque cela signifierait qu'elle se vit dans nos têtes. Après la décision, il va en effet s'agir de s'engager sans plus se retourner. Là est le propre d'une décision qui ne peut être bonne et sereine à 100 %.

Je crois lucidement que tous ces « mal de mères et de pères » nouveaux vont se décupler à l'avenir. C'est toute une clinique psychologique qui se dessine déjà. Cela demandera possiblement de se faire accompagner pour dépasser suffisamment le stade du doute et du vertige pour les parents volontaires. Je pense d'ailleurs que les renoncements conscients à la suite des différentes crises contemporaines seront à accompagner tout comme ceux de la PMA, tout comme ceux des IVG en parallèle. Ils vont amener la société humaine à en penser désormais les accompagnements. Ces renoncements ne sont plus une exception, les chiffres mettant en lumière qu'il y aurait en effet près d'un quart des femmes de plus de 50 ans n'ayant pas d'enfant. Pas un détail dans l'histoire des femmes, que ces renoncements aient été choisis ou forcés par le déroulement de leur vie.

Je crois en parallèle que le souhait de parentalité toujours plus consciente et dès le pré-conceptuel va grandir dans les esprits des aspirants volontaires. Il sera à penser et à soutenir au vu des circonstances peu sécuritaires et même anxiogènes de la société actuelle.

La parentalité consciente, le prochain pas ?

Quel aura été le principal enseignement jusque-là ? Nous savons désormais qu'à trop courir, nous n'arrivons pas à réaliser les conséquences de nos actes et que nous passons à côté d'essentiels, peut-être même à côté de notre existence. Nous savons désormais que nous ne sommes pas propriétaires de cette Terre qui nous accueille, ni de son air, ni de son eau, pas véritablement non plus de notre corps, ni même de la procréation. Nous avons compris, pour partie, que tout cela nous était gracieusement offert. En limites raisonnables cependant, et en fonction de nos besoins et non de nos envies impérieuses. Enfin, certains d'entre nous ont appris qu'ils avaient un libre arbitre et la capacité individuelle et collective de l'exercer. Car oui, cet examen de conscience que nous avons fait ensemble est aussi l'opportunité d'endosser nos pleines responsabilités humaines. C'est au moins la garantie d'un bon début, même si la suite reste incertaine. C'est même un excellent début concernant le projet d'enfant. Puisque cette conscience dès le départ permettra à ceux qui auront opté pour lui, de s'y engager fort d'un désir suffisamment clarifié et de s'aligner avec la suite du projet. Et pour ceux qui auront clarifié leur non-désir d'être parents, de s'engager dans leur vie sans plus de regret ni de culpabilité. Peut-être même entendront-ils qu'ils auront l'occasion d'exercer leur fibre sensible dans une parentalité élargie.

5
Vers une parentalité élargie et consciente

Construire une famille, une décision intime

Aujourd'hui, avoir un utérus ne signifie plus de devoir l'utiliser pour porter un enfant. Et pouvoir devenir parent ne signifie pas davantage de devoir l'être, qu'on soit femme ou homme. Devenir parent n'est plus un automatisme. Ce n'est plus une sorte de chemin prétracé à emprunter comme tout le monde. Nous sortons des sentiers battus et rabattus. Construire une famille relève d'une réflexion et d'un choix personnel, intime même. C'est une mise en avant d'un principe fondamental valant pour bien des choses. Question d'éthique. Ça manifeste que la conscience humaine s'expanse sur le sujet.

Cette situation a néanmoins des avantages et des inconvénients. L'avantage, c'est que cela amène à une véritable réflexion sur la parentalité, sur l'enfant et sur le trousseau « psychique » à anticiper. L'inconvénient, c'est qu'à trop se poser de questions, on ne fait plus rien et on doute avant comme après être devenu parent. Il n'y a plus guère d'élan et c'est pourtant un registre où l'élan est important. C'est ce que je constate chaque semaine dans mon activité libérale de psychologue spécialisée en périnatalité. Je disais dans l'avant-propos que j'avais vu arriver en dix ans bien des consultations sur l'hésitation à devenir parents. « Suis-je fait pour cela, que pour cela ? Est-ce pour moi ? En ai-je l'envie profonde, les ressources durables ? Serai-je à hauteur d'enfants ? » Une hésitation renforcée par l'absence d'une bonne réponse. Car il n'y en a pas. Se rajoute au dilemme, la réalité de crises poussant à renoncer sur le papier face aux forces qui remettent régulièrement la question sur la table des négociations avec soi et avec l'autre, les autres.

Je vois à présent s'accentuer les demandes de consultations sur le vertige d'être récemment devenus parents. Elles sont motivées par le stress, les tensions et le mal-être d'être désormais dans le camp de ceux qui le sont. Elles manifestent un manque flagrant de joie, pourtant si importante pour accueillir un enfant sur cette Terre. Un manque d'émerveillement aussi, pourtant à portée de main dans un tel projet. Je me prépare donc à davantage de consultations sur ces dilemmes intérieurs, avec en toile de fond la pérennisation de notre espèce.

En parallèle, je relève de grandes différences de positionnement entre les parents, selon leur tranche d'âge. Les 40 sont plutôt partants pour le projet, les 30 dans un entre-deux et les 20 complètement en roue libre puisqu'ayant grandi avec ces débats. Les personnes en âge de procréer ne raisonnent donc pas pareil selon leur âge, leur contexte de naissance et la vie actuelle. Elles peinent alors à se comprendre mutuellement. Normal, elles ne sont pas nées dans les mêmes circonstances. Le paysage écologique, social et économique était différent et les parents d'alors aussi. L'éducation de leurs enfants s'en est ressentie. Les 20, 30 et 40 n'ont donc pas les mêmes réalités, pas les mêmes regards, donc pas les mêmes décisions au final. Même s'ils sont face à la même question, néanmoins engageante pour tous.

La parentalité, un engagement longue durée

Il y a un demi-siècle encore, on ne se posait pas vraiment de questions. On devenait parents comme les autres, puis on assumait cette responsabilité au mieux. On ne réalisait pas cet engagement à vie, on l'accomplissait seulement. Et la vie se déroulait ainsi. À présent, on se questionne sur ce projet car on en a les moyens et la possibilité. Alors on s'interroge en connaissance de cause. On a bien intégré qu'on peut se défaire d'un couple mais pas de ses enfants. Un engagement à vie. Et d'autant plus grand que les circonstances sont défavorables.

Il est mis en avant par ce qu'on appelle « la génération sandwich », cette génération de femmes qui n'ont pas de répit durant leur vie. Elles ont des enfants grands mais pas encore indépendants au moment où leurs parents vieillissent et deviennent dépendants. En résumé, elles n'ont pas eu le temps de profiter d'années libres sans charge familiale que déjà d'autres responsabilités leur incombent. Être mère et maternelle semble ainsi un engagement pérenne et une charge mentale à vie. Quelqu'un a alors calculé que l'espérance de quelques années de liberté pour une femme était de… moins une année à l'échelle d'une vie de 80 ans environ. Je m'explique : une fois retirées les années où la jeune femme devient autonome (25 ans), celles où elle vit en couple, celles où elle attend et élève des enfants tout en travaillant, jusqu'au moment où ceux-ci deviennent autonomes, elle n'a même pas une année pour elle. Puisqu'entre-temps ses parents vieillissent et deviennent dépendants, et qu'elle vieillit elle aussi, avec une qualité de vie et de santé qui décline vers 65 ans. Rien de bien enthousiasmant !

Bilan : à partir du moment où une femme est fille, mère et conjointe, elle ne peut espérer avoir aucun temps pour elle. Ce calcul théorique explique ce sentiment qu'ont les femmes de se sentir prises en étau d'une charge mentale leur revenant grandement quant au couple et à la famille et en sandwich durant leur existence. C'est en effet une réalité, quand bien même cela fait aussi le sel de la vie, génère du dépassement de soi, des expériences indubitables en amour et des degrés de maturité en matière d'humanité développée. Malgré tout, le ras-le-bol général précède cette réflexion pas encore tout à fait consciente dans notre société.

C'est certainement cela qu'en leur âme et conscience beaucoup de femmes en âge de procréer questionnent, voire réfutent. Ai-je vraiment envie de cela ? N'y a-t-il pas un autre chemin pour ma vie, une autre façon de la mener ? Y a-t-il une autre voie d'expression d'amour que l'enfant, voire que le couple ?

Cela est d'autant plus une réalité que les femmes semblent se mettre au défi quand elles deviennent mères. Chiche : multitâches et multisphères. Être une fille, une sœur, une femme, une mère, une pro, une amie, et si possible avec du temps pour soi et quelques libertés. Bien des engagements, trop d'engagements. À être sur trop de tableaux à la fois et au défi, évidemment elles s'usent.

Les hommes observent cela, en prennent la mesure et bougent un peu leurs lignes de conduite. Ils ont grandi en voyant leur mère se démener au quotidien. Alors ils trouvent de plus en plus normal de partager les tâches quand ils sont en couple et aussi quand ils deviennent pères. On est toutefois loin du compte et de l'équité, les sondages en attestent. Et puis les hommes ne semblent pas si pressés de fonder une famille, eux aussi. Les modèles de couple et de famille qu'ils ont eus ne les encouragent pas toujours, les rencontres amoureuses qu'ils font, pas vraiment non plus. Et puis ils sont confrontés à des femmes plus affirmées sur le sujet, moins disposées alors à se mettre sous pression conjugale et familiale. Et eux aussi se questionnent sur l'orientation de leur vie, devant un avenir peu reluisant à vue d'œil. Les enfants attendront, d'autant que femmes et hommes mesurent qu'il n'y a finalement aucune obligation à devenir parents. D'autant que les hommes ont du temps devant eux, même s'ils rechignent à être de vieux papas.

La parentalité optionnelle

La parentalité est ainsi devenue optionnelle dans les esprits. Elle a franchi la barrière des mentalités pourtant fortes à ce sujet. Elle a suffisamment bravé la puissance des injonctions. Elle semble même se privatiser. Aujourd'hui, questionner la parentalité est plus qu'une tendance. C'est une nouvelle réalité.

On a vu que la parentalité est une potentialité biologique, que nous n'avons pas tous d'ailleurs. On a vu que pouvoir n'équivaut pas à devoir. On peut d'ailleurs appliquer ce principe à plein d'endroits dans nos vies. Par exemple, ce n'est pas parce que je suis bonne en maths que je dois aller en filière scientifique. Ce n'est pas parce que j'aime dessiner que je souhaite en faire un métier. Ce n'est pas parce que je suis une femme que je dois être une mère. Et ce n'est pas parce que la société nous enjoignait jusque-là à être parents qu'on doit céder à cette injonction si elle ne nous parle pas aujourd'hui, demain et après-demain. À l'inverse, ce n'est pas parce qu'on se pose des questions auxquelles on n'a pas de réponses, qu'on doit renoncer à ce qu'on ressent profondément, par exemple devenir parents ! Une potentialité est donc par essence quelque chose qu'on peut choisir de développer ou non, à la faveur de la vie. Mais s'agissant d'être parents et donc de concevoir un enfant, c'est une sacrée potentialité. Elle est synonyme de renouvellement de notre espèce et de régénération de notre société. Cela amène consécutivement à un changement majeur de paradigme.

Ce changement culturel majeur raconte que nous avons modifié notre regard et notre ressenti sur la question de la parentalité. En cinquante ans, nous sommes ainsi passés d'un enfant « si je veux » (IVG), « quand je veux » (contraception) à « si je peux » (infertilité et PMA), « si je m'autorise » (questionnement et renoncement volontaire face aux droits nouveaux et aux crises) et « si la vie le permet » (renoncement involontaire en raison d'un défaut de *timing* : bon partenaire, bon moment et horloge biologique).

Mais ce changement culturel s'appuie surtout sur une réalité biologique imparable. Dans notre existence, il y a en effet des étapes biologiques incontournables par lesquelles nous passons tous. Naître et mourir sont ainsi deux grands passages qui encadrent notre vie. Il y a deux autres passages plus petits. Ils encadrent cette fois notre fertilité, avec la puberté qui l'active et la méno/andropause qui la désactive Et durant ce temps, environ 450 cycles menstruels comme autant d'opportunités relatives de concevoir un enfant.

Au milieu des grands et petits passages obligés, la parentalité apparaît ainsi optionnelle. Elle n'est biologiquement pas un passage obligé, contrairement à tous les autres. Elle peut donc en théorie être interrogée. Elle a néanmoins en commun avec tous les autres passages, d'amener de grands changements physiques et psychiques en miroir. Elle apporte donc elle aussi un changement majeur, avec le questionnement de la place qu'on confère à l'amour, à un autre, à d'autres que nous-mêmes.

De la place pour tout le monde

Il y a véritablement de la place pour tout le monde dans ce joyeux pataquès. Pour ceux qui veulent être parents, ceux qui ne le souhaitent pas et tous ceux qui hésitent. Il n'est donc pas nécessaire de s'opposer en leur nom ni de les opposer, tant que le choix fait est consenti. Tout fait sens, tout se mutualise et se fait l'écho d'une manière d'habiter la Terre. Personne n'a raison ou tort finalement. Évidemment, la venue d'enfants dans nos vies fait sens mais ce n'est pas la seule façon. Sinon cela signifierait qu'être infertile, handicapé, malade ou différent est une manifestation erronée du vivant. Si un enfant emplit de fait et de sens une existence, ce n'est toutefois pas son rôle. Pensons à ce texte magnifique de Khalil Gibran nous rappelant que nos enfants ne nous appartiennent clairement pas, qu'ils viennent à travers nous mais ne sont pas de nous et qu'il nous appartient toutefois de les projeter en conscience dans leur existence. Un texte ancien d'un autre temps et toujours plus d'actualité, je trouve. Visionnaire, même.

Tout cela amène à un questionnement sur notre place en ce monde et la façon dont on veut l'occuper. Cela nous interroge alors sur notre sentiment de parentalité et sur son expression, sur l'objectif d'une vie dont la parentalité ne saurait être l'objectif ultime. Laissons-nous le temps de nous exercer après autant de siècles en bons automates. Cela ne va pas se faire comme ça et probablement pas de façon fluide devant autant de formes, d'essais et d'incompréhension. Cela nous promet quelques secousses et des débats houleux dans l'alcôve de nos cœurs, de nos maisons et des écrans. Aussi, tant qu'à en être arrivés là, autant en tirer les enseignements, en voir les avantages et en regarder les déclinaisons. En essayant de nous comprendre et de saisir la légitimité pour toutes ces expressions actuelles de la parentalité.

Pour les parents en automatique

Certains d'entre nous s'offusquent de réfléchir tandis que d'autres ne le font pas le moins du monde. Certains sont révoltés d'y penser tandis que d'autres semblent s'en moquer. C'est le même problème que pour l'écologie, entre ceux qui trient et les autres pas, ceux qui économisent les ressources tandis que d'autres les gaspillent. Et donc relativement à l'enfant, ceux qui y renoncent et ceux qui « se reproduisent ». Comment alors allons-nous justifier les familles nombreuses, là où elles étaient médaillées par l'État ? Comment allons-nous argumenter sur la PMA si nous sommes en surnombre déjà ? Nous nous préparons à de sympathiques échanges. Oui, pendant ce temps, certains ne se poseront pas de questions.

Ils chercheront à devenir parents pour des raisons de fonctionnement propre, de références éducatives, religieuses ou contextuelles.

Pour ne pas penser, pour suivre le tout-tracé, pour ne pas avoir à décider, par loyauté ou obligation, pour remplir une vie et y mettre ce sens-là. Ou parce qu'ils sont partisans du saut dans l'inconnu. Sauter d'abord, réfléchir ensuite. C'est une technique qui a ses adeptes, comme le saut à l'élastique sur un pont. Certains y vont *franco*, d'autres n'en finissent pas d'hésiter. Ou parce qu'ils n'ont pas envie de se poser des questions, ou pas trop, au risque sinon de devoir renoncer. Ou parce que dans leur réalité la question ne se pose pas. Ou parce qu'ils n'ont pas le choix de se la poser ou plus exactement le luxe de se questionner à ce sujet.

En effet, nous ne sommes pas égaux en droits, choix, contraceptions et circonstances. Alors ne jugeons pas. Nous ne savons pas ce que nous ferions à leur place et si nous avions leur histoire. D'autant que leur conscience se joue ailleurs, dans d'autres registres. D'autant que, selon l'expression, il faut de tout pour faire un monde.

Il est important de comprendre que l'évolution de la grande vague humaine ne peut se faire que de façon disparate, bien que s'inscrivant dans une tendance globale. Pour comprendre cela, on peut prendre l'image de la courbe de notre carnet de santé, tracée depuis notre naissance avec la mesure de notre poids et de notre croissance. Notre courbe individuelle s'est dessinée à l'intérieur d'un large ruban de couleur censé inclure les mesures de tous les bébés humains. Ce ruban évoque effectivement la tendance moyenne. Sa courbe représente l'évolution physique humaine « standard » des bébés dans leur majorité. Évidemment, elle n'était pas la même en fonction des époques, puisque notre physique évolue en même temps que la vie et que nos modes de vie sociaux. Gardant l'image de la courbe de croissance, le mode automatique de la parentalité est encore largement inscrit dans le ruban coloré. Je vois pourtant les contours de ce dernier évoluer. Je commence à voir une multitude de petits points se tracer au-dessus de cette courbe, la redessinant déjà, dessinant une nouvelle tendance. J'assimile ces petits points à ce que j'appelle « la parentalité consciente ».

Pour les parents conscients

La parentalité consciente, c'est justement ce qui fait qu'on n'y va pas en automatique. On réfléchit. On ressent et on raisonne. On utilise donc les deux formes d'intelligence : l'intelligence émotionnelle (le ressenti) et l'intelligence intellectuelle (la raison). On soupèse les enjeux et on estime les points de vue. La raison se mettant alors au service du ressenti profond. On évalue alors le projet de fonder une famille sous l'angle de la planète, de la société, des parents que nous pourrons être et de l'enfant évidemment.

Considérant la planète, on opte pour un mode de conception et de vie respectueux du vivant. Certains pays ont un taux de reproduction important mais sont parmi les moins pollueurs. Ils respectent les ressources biologiques, vivent naturellement, consomment peu et génèrent de rares déchets non recyclables. Ils accueillent leurs enfants de la même manière, avec bon sens et en conscience de leur environnement. Un nouveau-né n'est ainsi pas censé avoir une empreinte carbone élevée, si ce n'est celle de ses parents et de leur choix de vie.

Considérant la société, il est possible d'élever un enfant en préservant son intelligence émotionnelle avec laquelle il débarque sur Terre. Donc dans le respect du vivant en lui, autour de lui et des autres espèces qui sont issues de la même fibre originelle. Et dans cette continuité, de lui apprendre les règles de la planète Terre et celles pour vivre tranquillement avec les autres humains en société.

Considérant la famille, il est possible d'œuvrer à mettre en paix les vieux dossiers familiaux qui traînent sur cette vie ou celles de la lignée. On peut le faire en amont d'une grossesse. C'est ce que l'accompagnement de l'infertilité et de la PMA m'a appris. On peut ainsi nettoyer sa terre intime des cailloux l'entravant, en travaillant sur soi, avant de concevoir un enfant et qu'il ne naisse. Cela mettrait moins de charge dans le sac à dos du bébé. Cela permettrait aussi qu'il pose un peu moins de filtres sur ses yeux, lui offrant alors un regard moins opaque, moins distancié sur le monde et le vivant.

Considérant l'enfant justement, il est possible d'éclaircir l'idée que nous nous faisons de lui. Il n'est effectivement pas un mini-nous ne sachant rien et ayant tout à apprendre de nous. Il vient d'un monde, l'intra-utérin, dont les conditions de vie nous échappent. Des conditions que nous avons tous connues et tous perdues en partie. Plus exactement, nous les avons perdues en cours de route, une fois que nous avons été formatés et mis sous cloche par notre éducation – qu'elle soit familiale, scolaire ou sociale. Ce qui est dommageable car l'intelligence avec laquelle chacun de nous arrive, l'intelligence du vivant, et celle qui nous est apportée par les adultes, l'intelligence humaine, sont complémentaires. Tout comme le sont celle des peuples autochtones et celle des peuples modernes. Dans cette utopie (au sens étymologique : qui n'a pas encore de lieu), chaque nouveau-né serait plus au complet pour aller vers la Vie, s'y adapter et lui apporter sa contribution humaine. Avec l'intelligence d'un cerveau qui se met au service de ce que le cœur lui dicte profondément.

Accueillir un enfant dans cet état d'esprit fait de la parentalité un projet cohérent et écoresponsable. Un projet conscientisé avant que d'être réalisé. Avec toute une préparation préconceptuelle en amont du projet. J'avais écrit cela il y a vingt ans parmi mes aspirations : accompagner la physiologie plutôt que la pathologie des grossesses humaines. Je vois bien que nous n'y sommes pas encore mais je sais que c'est un prochain pas d'évolution en périnatalité. Un prochain pas de l'Humanité aussi. Il va de pair avec le fait qu'un enfant attendu et projeté dans un tel état d'esprit ne peut qu'être la promesse de sa conception. Cet enfant a ainsi toutes les chances de devenir, depuis des racines saines, un être profondément humain. La planète, la vie, les espèces vivantes et la société humaine ont besoin de tels êtres. Ça tombe bien, ils naissent de plus en plus sensibles et potentialisés. Ça tombe à pic sachant que la société humaine développe actuellement l'IA, une intelligence polluante, non vibrante, sans peau sensible et même si ingénieuse.

Je vois avec la parentalité consciente l'occasion de s'occuper de tous les « j'ai mal » répertoriés dans cet ouvrage comme autant de retournements possibles, au moment même où nous contactons les limites de notre espèce. J'y vois l'opportunité de développer enfin notre potentiel humain, avec notre véritable valeur ajoutée cette fois. Avec un germe sain dès le départ. Car c'est finalement là que beaucoup se joue. Là que se déjouera aussi l'anthropocène : cette main délétère de l'homme.

Cela amène logiquement à toutes ces autres façons d'être parents qui se déroulent dans un même temps. Car on peut être des parents sans enfants. On peut être paternel et maternel sans passer par la parentalité de chair. C'est aussi à cela que notre époque nous convie.

Parents autrement

On vient de le voir, il semblerait qu'il y ait de nouveaux enfants et possiblement de nouveaux parents. Une tendance qui émerge. Une tendance potentiellement contagieuse mais positivement. Après tout, 10 qui en convainquent 10 qui en convainquent eux-mêmes 10, ça va vite. Et on l'a vu, ça peut vite devenir viral. C'est tout un état d'esprit nouveau, d'autant qu'apparaissent nombre de façons d'être parents.

De par l'actualité, on peut être parent d'un enfant dit biologique (de sa chair et de son sang). Mais on peut n'être pas encore parent soi-même et rencontrer quelqu'un qui a déjà des enfants. On peut développer alors une parentalité par procuration. Quelle place se sent-on de prendre ? Quelle place laisse le parent avec lequel on est en couple ? Et quelle place combat ou concède l'autre parent dont le conjoint s'est séparé ? Quelle place s'autorise-t-on à prendre dans ces circonstances ? Autant de questions émergeant dans ce contexte de plus en plus courant.

On peut aussi devenir parent de l'enfant d'un autre giron, n'ayant pas pu s'en occuper. Une mère, une sœur, une amie, une belle-fille. J'ai pu voir bon nombre de ces situations issues d'un drame personnel. Une mère décédée d'une maladie grave et à qui l'aîné fait la promesse de prendre soin des frères et sœurs. Une sœur décédée brutalement dans un accident et dont la question ne se pose pas de recueillir ses enfants. Une amie proche décédée qu'on aura accompagnée dans la maladie et dont on a à cœur de transmettre les valeurs aux enfants qu'elle laisse au monde. Une belle-fille malade chronique qui ne peut s'occuper du dernier né accueilli chez la grand-mère, tandis que les aînés autonomes resteront avec le père. Une sorte de parentalité déléguée de gré ou par la force des choses. En présence physique ou régulière.

On peut être parent d'enfants sortis du giron d'un orphelinat, parce qu'on aura eu à cœur de donner une chance à un enfant qui n'aura pas eu celle d'avoir une famille. Par choix. Ou parce que soi-même on n'aura pas eu la chance de devenir parent naturellement à la suite d'un parcours d'infertilité ou de deuil périnatal. Bien des parents d'horizons et de chemins très différents. Des chemins résonnants de dossiers insuffisamment apaisés qu'il n'appartient pas à l'enfant de pansementer. Bien des rencontres parents/enfants dont la greffe ne prend pas toujours. Ce qui évidemment existe aussi sur des conceptions naturelles et des couples vus comme classiques. Des chemins tout de même à risque si l'on n'y est pas attentif. J'aime les paroles de cette chanson à propos d'un père adoptif s'adressant à la mère de conception : « Vous serez toujours la mère, nous serons toujours l'amour. » Car, en vérité, le parent n'est pas celui qui sème sa semence, loin de là. Le parent, c'est celui qui porte dans son cœur plus encore que dans sa matrice. C'est celui qui aime jour après jour, avec la belle exigence d'accompagner un enfant sur le chemin de sa vie. Ce qui ne saurait se faire sans cadre ni fermeté parfois. Le parent, c'est aussi celui qui aime ou a aimé l'autre parent et qui déjà le respecte. Ça commence certes par une semence mais cela ne se limite pas à elle.

La société actuelle voit fleurir de nouvelles façons d'être mères mais aussi d'être pères, même si de leur côté il y a moins de formes. Mais ils peuvent être pères par procuration, ayant élevé l'enfant d'une femme séparée ou ayant adopté l'enfant de celle-ci et d'un père abandonnique. Ils peuvent reconnaître l'enfant d'une femme enceinte. Ils peuvent encore être famille d'accueil avec leur partenaire, ou responsables ensemble d'un village SOS. Ils peuvent de même agir au sein d'une association proposant d'accueillir ponctuellement des enfants de pays défavorisés, venus sans leur famille se faire opérer d'une pathologie grave. Ils peuvent tout aussi bien être instigateurs d'un lieu de béguinage transgénérationnel permettant à des personnes âgées de vivre dans un même immeuble que des couples et de jeunes enfants.

Tous ces nouveaux scénarios ont le mérite de nous faire apercevoir qu'il y a bien des formes involontaires de parentalité mais aussi des formes volontaires. Il y a bien des façons d'être maternel ou paternel dans sa vie, avec ou sans enfants. On l'a vu avec l'exemple du Dalaï-Lama qui dit accueillir le monde dans son ventre et sans utérus. On le sait *via* cette nounou qui prépare l'enfant dont elle s'occupe au grand départ un jour, après avoir partagé ses journées des années au quotidien. On le sait *via* Pierrette. Elle poussa la porte de mon cabinet un jour, regrettant de n'avoir pas connu l'expérience de la grossesse mais ayant accompli une maternité par procuration avec ses neveux et les enfants de ses amies dont elle reste très proche. On le voit dans les métiers périnataux. Ils sont occupés par une majorité de femmes : sages-femmes, gynécologues, pédiatres, puéricultrices, éducatrices de jeunes enfants. Un territoire-phare de l'expression du maternel auprès des enfants en bas âge et de leurs mères.

Que de nuances quand il s'agit d'être mère ou père d'enfants que la vie met sur notre chemin. Il est aussi joli de s'apercevoir que tout parent adore en général son enfant mais moins celui du voisin. Idem pour le voisin qui aime plus le sien que le nôtre. Ce qui signifie que si le sien était le nôtre et le nôtre le sien, nous les aimerions certainement aussi fort. Cela est bien sûr dû au fait que nous portons dans notre cœur et nos tripes les enfants que la vie nous confie. Et qu'à les approcher d'aussi près, nous sommes touchés par qui ils sont au profond. Mais cela veut justement dire qu'en théorie nous pourrions aimer tous les enfants, si nous avions l'opportunité de les connaître de plus près, depuis le dedans, depuis nos sensibilités. Cela vaut d'ailleurs pour mon exercice en cabinet. Je suis toujours émue par tous les êtres que je rencontre en libéral et j'ose dire que j'aime mes patients. Je les rencontre en vérité et les remercie de leur confiance à dévoiler qui ils sont au profond. Mais je sais aussi qu'il est probable que je les aimerais bien moins si je les croisais dans la rue, sur la route ou sur un lieu de vacances.

Parents d'une cause

J'espère qu'à ce stade de votre lecture, vous percevez qu'on peut être parent d'un enfant de sa chair et de son sang, mais aussi de son cœur, sans le sang ni la chair. Et qu'on peut devenir le parent d'un enfant que la vie a mis contextuellement sur notre chemin. Mais il y a un cran de plus : on peut être parent sans qu'il ne soit question d'enfant et vivre sa parentalité dans un autre registre que la traditionnelle vie de famille.

On peut ainsi exprimer une parentalité pour une cause qui nous anime. Et se sentir de développer toute son énergie vers cette cause. Et de la même manière qu'on peut développer son maternel et son paternel vers des enfants qui ne sont pas les nôtres, on peut dédier son énergie vers autre chose et l'avoir à cœur.

Vers l'Univers comme le fait Thomas Pesquet qui semble passionné. Il paraît surtout vouloir nous transmettre des messages écologiques depuis l'Espace. Il raconte d'ailleurs combien cela lui demande d'énergie et combien cela n'est pas compatible avec une vie de famille. Avec une conjointe semblant en accord sur cette question.

On peut vouloir se consacrer au Climat comme Greta Thunberg, y passer tout son temps et n'avoir plus que cela en point de mire.

On peut se dédier à la Terre comme Pierre Rabhi ou Mélanie Laurent et se sentir fait pour cela, en investissant encore une association particulière, un mouvement activiste. Ou éveiller les consciences sur la fonte des glaciers, telle Camille Étienne.

On peut se dédier à la cause animale comme Hugo Clément, ou vivre auprès des primates sur leur terre en créant une fondation comme Diane Fossey, ou être touché plus particulièrement par une autre espèce, les abeilles par exemple. On peut même se verser davantage vers les animaux que vers ses propres enfants, ou justement ne pas se ressentir de fonder une famille mais de vivre pour la cause animale.

Ce peut être le végétal qui nous émeut : ses forêts, les fleurs, son sol. On peut alors s'engager comme le chanteur Sting à son époque auprès du chef Raoni en faveur des forêts amazonniennes. On peut de même développer à son échelle de la permaculture, se pencher sur les fleurs de Bach, s'intéresser à l'intelligence des plantes ou bien combattre l'agriculture intensive. La cause du végétal peut ainsi revêtir bien des aspects.

Mais l'appel peut venir de la mer et des océans, comme pour la navigatrice Maud Fontenoy. Bien au-delà d'une passion, un tel engagement peut dépasser la raison et faire que cette cause prend toute la place, au détriment d'une vie personnelle déjà là ou justement pas là. Cela s'appelle « embrasser une cause ».

Se dédier à l'Univers, à la Terre, à son climat, à sa biodiversité, aux océans ou à l'air qu'on respire, c'est manifester une sensibilité particulière pour une cause. C'est le cas de Mathieu Simonet pour les nuages au-dessus de nos têtes. Cela peut se vivre dans l'exclusivité, ou bien s'harmoniser avec une vie de famille, tout en cohérence.

Il y a d'autres familles de causes, dont la société humaine. Certains d'entre nous se sentent diversement touchés par les injustices, les inégalités, la maltraitance… Parmi eux, d'autres se consacrent entièrement à leur cause qui ne laisse pas la place à grand-chose d'autre et les laisse parfois à bout de souffle. Ceux-là créent leur propre association ou montent un blog. Ils entrent en politique ou en action.

Chacun de nous a une cause chevillée au corps. Nous sommes bien souvent nés avec son germe. Elle nous rend plus sensibles à quelque chose, même si nous pouvons être sensibles par nature à beaucoup de choses. Ce qui est joli, c'est que chaque cause correspond finalement à un « j'ai mal » énoncé dans le livre. Le « j'ai mal à la Terre » englobant les causes de l'Univers, notre planète, sa biodiversité, ses mers et notre climat. On retrouve beaucoup d'êtres passionnés mais d'autres dont c'est la véritable raison de vivre. Celle qui fait sens au-delà d'un travail. Le « j'ai mal au genre féminin et masculin » englobant toutes les causes de la vie humaine, depuis nos débuts jusqu'à notre fin. Bien des sensibilités sont contenues là. Certains y dédient leur vie en la combinant parfois à une vie personnelle, parfois de façon malheureuse, un pan de leur vie impactant trop l'autre. Enfin, le « mal de mères et de pères » inclut fréquemment la cause des parents et celle des enfants, la psychologie humaine et sa pathologie psychiatrique. Elle a souvent pour origine un pan de notre histoire personnelle.

Il y a dans tout cela une sorte de processus alchimique. Il est effectivement possible de transformer une douleur, une souffrance, une épreuve en quelque chose d'autre. En un enseignement, un service, une proposition, un engagement. Voltaire parlait de « changer le plomb en or ». Les scientifiques parleraient, eux, d'une transmutation (changement d'un état à un autre). Il y a de cela dans nos « j'ai mal ». Reste à en avoir conscience et à viser le clan de la lumière, en connaissance de l'ombre. Et à individuellement se mettre en mouvement.

Tout le monde n'est pas concerné par une cause. Peut-être qu'à la lecture, certains d'entre vous se diront que rien de cela ne les habite, se sentiront vides ou « pas comme il faudrait ».

Sachez que nous avons tous *a minima* une sensibilité à quelque chose. Il suffit de repérer les thèmes ou faits qui nous touchent et déclenchent régulièrement des émotions. Vous verrez, en y prêtant attention on débusque vite cette sensibilité. C'est juste que, chez certains, c'est tellement fort et même vital, que cette émotion, cette presque douleur, devient une cause pour laquelle ils se ressentent d'agir, de s'engager durablement.

Sachez de même que parfois cette sensibilité particulière est sue depuis l'enfance. Avec par exemple un enfant ayant toujours pris soin des animaux, faisant faire demi-tour à ses parents si un hérisson était en bord de route et risquait de se faire écraser, recueillant les pigeons aux ailes cassés et donnant tout son argent de Noël pour les animaux abandonnés par les vacanciers.

Sachez enfin qu'elle peut venir à l'occasion d'une grossesse. Combien de femmes enceintes refont le monde pendant la gestation de leur enfant et aspirent à changer le monde dans lequel elles vont le faire naître. Combien de vocations périnatales viennent d'un « j'ai mal à la maternité ou à la paternité », alors qu'ils étaient enfants ou qu'ils sont devenus parents. C'est un fait de notre temps.

Une contraction globale est en cours autour de la conception, de la grossesse, de l'accouchement et de la parentalité. Elle a donné une vague de reconversions et de bifurcations professionnelles. Ce n'était pas le cas au début des années 2000. Cette discipline périnatale est née de notre conscience à l'endroit des débuts de la vie humaine et de la parentalité. Les douleurs à ces endroits ont alors logiquement généré l'émergence de nouvelles professions autour de cette période de vie humaine.

Il n'en reste pas moins qu'avec ou sans cause qui nous habite, notre vie fait sens dès lors qu'elle apparaît. Elle est une expression de la Vie quoi qu'il en soit. Notre vie justifie notre existence même si on peut en douter. Reste à la vivre véritablement. Reste à l'incarner.

Tous parents finalement

Récapitulons : outre la définition d'être les parents biologiques d'un enfant, nous avons enfin compris qu'être parents ne passait pas forcément par un enfant et que nous pouvions être parents en manifestant notre maternel et notre paternel. Nous entendons à présent que nous pouvons être « parents à la vie » en les exprimant envers une cause qui en a besoin et qui nous touche particulièrement. Elle-même pouvant se combiner avec une vie personnelle, amoureuse et familiale, ou bien pas. Selon nos ressentis, nos opportunités mais aussi nos choix conscients.

C'est finalement à tout un *stretching* de la parentalité que nous assistons. Jusqu'au dernier mouvement qui d'ailleurs est aussi le premier : être simplement et en premier lieu un « parent de la vie ». Cela justifie en soi toutes les expressions humaines. Chacune d'entre elles nous enseignant sur l'Humanité et toutes ses manifestations en chacun de nous. Nous sommes ainsi individuellement un maillon nécessaire à la conscience collective. Nous sommes la biodiversité humaine.

Elle ramène notre espèce à son statut premier : des parents de la vie comme toutes les autres espèces vivant là. Tous issus de la même famille du vivant sur Terre. Elle participe à nous réinscrire dans le grand tissu du vivant, nous qui pensions incarner principalement la Culture face à la Nature. Comme si la Nature nous était extérieure et comme si nous lui étions supérieurs. Nous sommes le condensé de cette Grande Histoire et non pas le sommet. Sinon cela se saurait. Sinon nous n'aurions pas participé à l'anthropocène chacun à notre niveau. Si nous en doutons, il suffit de voir les chefs d'État de grandes nations jouer encore aux petits soldats à l'âge adulte et se menacer réciproquement d'appuyer sur le bouton nucléaire, tandis qu'ils essaient de convaincre la population de la nécessité de la course aux armements les plus durablement polluants et destructeurs (nucléaires, chimiques, bactériologiques, technologiques). Il suffit de voir deux milliardaires des réseaux sociaux se défier de se battre à mains nues dans une mise en scène digne d'un péplum, tandis que la planète surchauffe et que l'inflation déséquilibre ceux qui sont socialement vulnérables.

Je crois véritablement qu'à l'avenir l'Univers, la Terre, les mers et les océans, notre climat et la biodiversité vont avoir besoin de parents. Pour les soutenir et ne rien lâcher. Et de nouveaux petits d'hommes enfantés en conscience, pour les aider et inverser la donne.

À ce stade de l'ouvrage, on peut alors voir les crises comme autant de contractions qui nous saisissent mais nous font avancer. Tout comme à l'occasion d'un accouchement où l'enfant progresse au gré des contractions de l'utérus qui l'a abrité jusque-là. Il y parvient d'autant mieux que la femme qui accouche accompagne ces contractions en conscience, et les dilatent plutôt que les refrènent. D'autant mieux que le co-parent veille à leur sécurité et le corps professionnel à leur intimité.

Toutes ces crises multiples en un temps record participent assurément à notre progression et à notre évolution humaine. Elles montrent que l'anthropocène, cette crise due à la main de l'homme, lui revient en boomerang et touche à présent jusqu'à la source de son espèce et son devenir. Forcément, cela nous saisit, nous fait réagir. Je vois dans cette ultime contraction l'opportunité de recontacter le sens de notre existence humaine sur cette Terre, dans le pouls de la Vie et au même titre que tout ce qui y évolue.

Elle nous conduit en premier lieu au sentiment d'une parentalité élargie. Une parentalité plus vaste que nos organismes et nos patrimoines génétiques, dépassant alors notre espèce et nous rattachant à l'arbre de Vie (retraçant la généalogie de la vie sur Terre).

Elle nous invite dans ce prolongement à reconsidérer qui est l'enfant et à songer à la manière dont nous l'accueillons ici-bas pour lui permettre de trouver sa place, son chemin et sa légende personnelle dans les meilleurs délais. La Terre et le vivant vont avoir effectivement besoin de quelques bonnes volontés à l'avenir.

Tout ce goût de fin de cycle raconte ainsi le début d'un nouveau cycle, de gré ou de force (à savoir aux forceps), avec ou sans notre participation consciente, et dans la multiplicité de nos façons d'être parents. Une jolie promesse, à bien y regarder. Qui sait d'ailleurs si cela pourrait nous émouvoir rien qu'à l'idée, et nous mouvoir ensemble dans cette direction, avec ou sans enfants à tenir dans nos bras puis par la main.

Épilogue

Nous sommes à présent en 2024, fin janvier plus précisément, le livre part à l'impression pour sortir au printemps.

Cela fait maintenant plusieurs années que Jade a balancé sa petite bombe pacifique dans notre discussion familiale : « Pas sûr après tout, que j'allais devenir grand-mère un jour. » Vous vous souvenez, j'ai commencé le livre ainsi ?

Et cela fait exactement quatre ans que le Président français a balancé la sienne nationalement : « Nous sommes en guerre. L'ennemi ? Un virus. » Un langage déjà martial et qui avait marqué mon esprit. Effectivement, j'avais appris sur les bancs de l'école que sans les virus, point de vie, puisqu'il existe un règne microbien que nous oublions volontiers quand cela nous arrange ou plus exactement quand il nous dérange. Bien évidemment, je comprends notre lutte contre certains virus et microbes, potentiellement mortels pour l'homme. Mais il est alors important que ce soit en conscience que, nous-mêmes, sommes mortels pour les virus et microbes. Et que nous jouons volontiers avec eux dans nos combats fratricides à renfort d'armes bactériologiques. Question de curseurs, de points de vue et d'échelles !

Nous sommes donc à présent en 2024 et le Président français vient de faire une longue conférence télévisée dans laquelle il annonce notamment un grand Plan contre l'infertilité et un Congé naissance de 6 mois (en remplacement du congé parental). Cette déclaration fait suite aux chiffres publiés par l'INSEE faisant état d'une forte baisse de la natalité en France. Des chiffres conformes à ce qui est dit dans ce livre au regard des crises cumulées (la baisse de vitalité, de libido, de fertilité, d'élan et de confiance en l'avenir). Cohérents aussi avec une crise de « foi » généralisée quant à la nature humaine et à la parole politique de surcroît. Parlons-en justement.

Il a donc fallu une baisse de la natalité d'environ 6 % et évidemment une inquiétude gouvernementale pour l'économie française (financement des retraites dans un pays où les personnes âgées sont de plus en plus nombreuses, entre autres raisons), pour que l'on s'intéresse à ce « fléau qui fait souffrir tant de couples ». J'avais écrit un ouvrage précédemment pour évoquer la douleur de ces chemins et le manque d'accompagnement au long cours. J'avais posé la réalité que tous les couples en désir d'enfant ne pourraient pas devenir parents et que la PMA ne pourrait pas pallier toutes ces situations. Le dire serait mentir. Alors faut-il voir dans cette ouverture actuelle aux recherches sur les causes de l'infertilité, d'autres desseins ? Je n'ose y penser mais l'idée m'a traversé l'esprit…

Plan contre l'infertilité, soit, tant mieux. Congé naissance mieux rémunéré et pour les deux parents, soit, évidemment tant mieux. Mais au milieu de tout cela, où est passée la réalité de la crise démographique (8 milliards d'humains sur Terre, bientôt 10) ? Allons-nous procrastiner et reporter cette question ultra-sensible ? Puisque comme à notre habitude, nous avons mieux à faire, plus urgent à considérer, à penser à nous d'abord, et que de toute façon nous n'avons pas de solutions à la surpopulation. Pas un mot sur le sujet. Cette déclaration d'un jeune président occidental interpelle puisqu'elle omet sciemment une réalité de taille.

D'autant que, cerise sur le gâteau des déclarations, il est question de « réarmement démographique » ! J'ai mis réellement trois jours à m'en remettre. En 2020, nous étions « en guerre » contre un virus et, en 2024, il nous faut nous « réarmer » démographiquement. Un langage toujours martial, à dessein de marquer les esprits car faisant réagir fort. Et ce fut le cas. Même mécanisme d'empreinte et d'influence durable, quatre ans après.

Les bras m'en sont tombés et mon cœur s'est décroché. Les bébés, des armes ? Le raccourci était de trop, mais il était bien là et sans mot dire. Je ne sais pas les images qui se sont associées dans votre cerveau, mais dans le mien j'ai vu les guerres actuelles à renfort d'images et de jeunes gens en première ligne telle de « la chair à canon ». Je me suis rappelée le service militaire revenant actuellement sous un autre nom. Je me suis souvenue tout de suite des après grandes guerres et de la nécessité de « repeupler » la France. Sauf que nous n'en sommes plus à repeupler la France mais à nous réarmer en bébés ! Si ce n'est pas un langage à vocation de gonfler les peurs et les torses, je n'en veux rien.

Ma réaction est alors à triple titre. En tant que femme, psychologue et auteure. La femme se demande comment les Françaises vont être invitées à réarmer démographiquement leur pays – vidéos gouvernementales très branchées, primes dans un second temps, encouragements implicites ou explicites, corde sensible dans un troisième temps, influenceurs parmi les jeunes générations ? Et aussi comment les jeunes femmes engagées vont réagir au réveil forcé de leur utérus nationalisé. La psychologue se demande jusqu'où l'on va se servir des mots pour impacter les masses et les individus qui la constituent. Surtout maintenant que l'on connaît les process pour y parvenir sur le fond et dans les formes. La spécialiste de la vie intérieure continue effectivement de constater en 2024 la baisse du moral humain et une souffrance psychique généralisée et largement déniée. Ce discours guerrier a-t-il donc pour objectif de remobiliser les esprits en vue de se remettre en marche… procréative ? Enfin, l'auteure s'interroge sur sa liberté de penser et d'écrire même ces lignes, sans le risque d'être de suite taxée de complotisme. Encore les effets du langage. Elle songe au libre arbitre de chacun de nous, si nécessaire par les temps qui courent.

Mais au-delà de tout, l'être que je suis est triste à l'idée que c'est dans cet état d'esprit que nous pourrions envisager de concevoir les prochains bébés, de les mettre au monde et de les accueillir. Une telle intentionnalité est aux antipodes du propos de ce livre. J'évoquais d'ailleurs dans cet ouvrage le fait d'une évolution humaine avec des polarités de plus en plus marquées. Nous y sommes plus que jamais. Aussi, mon appel à nous ouvrir à une parentalité consciente est d'autant plus profond, d'autant plus urgent. J'ose le mot.

Il y a 100 ans les bébés naissaient dans des choux s'agissant des garçons et dans des roses s'agissant des filles. Images naïves et poétiques, si dépassées depuis. Aujourd'hui, ils pourraient donc naître dans nos esprits « une arme à la main ». Encore une illustration grandeur nature des contrastes saisissants entre intelligence émotionnelle du vivant et intelligence artificielle des logiciels. Plus que jamais, il est temps de raisonner mais surtout de résonner. Et de vibrer notre condition de vivants, au même titre que tout un chacun. Librement et en conscience de tous et du tout…

Nathalie, parente à la Vie,
par choix éclairé et par contagion positive

Annecy, 27 janvier 2024

Retrouvez Nathalie Lancelin-Huin sur :

www.nathalie-t.com
Ateliers en ligne « Vers une parentalité consciente » :
www.nathalie-t.com/ateliers-parents

@nathalie_lancelin_huin

Nathalie-T

86066 - (I) - ENS 80 - PCA - DNN
Dépôt légal : avril 2024 - N° 202402.0181
Achevé d'impression par Imprimerie CHIRAT
42540 Saint-Just-la-Pendue
Imprimé en France